上海的城南旧事

Memorials of the Southern Shanghai

马学强　龚峥·主编

上海社会科学院出版社
Shanghai Academy of Social Sciences Press

顾 问

熊月之 丁 浩

策 划

蔡放鸣

主 编

马学强 龚 峥

*

编委会

(按姓氏笔画排序)

方 颖 李家涛 邹 怡
胡 端 袁家刚 黄华钧
黎晓晴 鲍世望

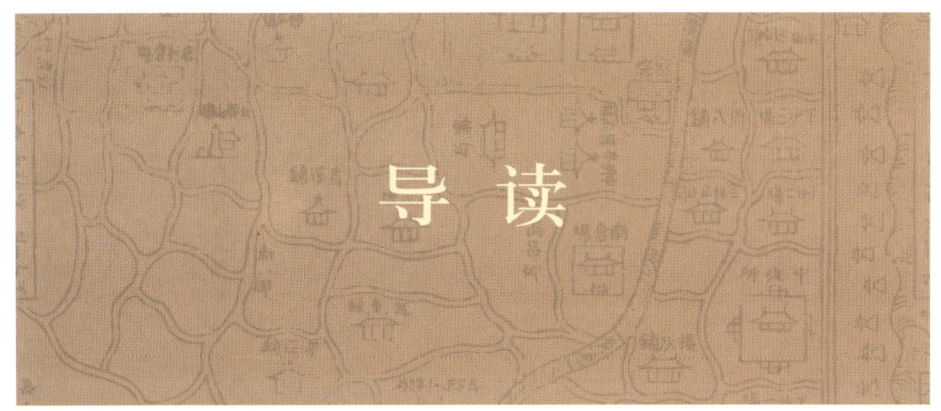

导 读

上海世博城市最佳实践区（以下简称园区），北至中山南路，南至黄浦江，东至南浦大桥，西至保屯路、望达路。2011年，在黄浦区与卢湾区合并为新黄浦区以前，此地原为黄浦区半淞园街区与卢湾区的一部分，今均属黄浦区。

园区的区位特点是南面滨江，北面近城，属于城南地区，近代以来具有相当丰厚的文化底蕴。

这一带的早期历史，可以追溯到唐代。唐天宝十年，即公元751年，上海地区第一个独立行政建置的华亭县设立。华亭下辖22个乡，包括集贤、修竹、高昌、长人等，园区所在地其时属高昌乡。高昌乡下辖四个里，即高昌、盘龙、横塘、三林，园区所在地属高昌里。1292年（元至元二十九年），元政府设上海县，高昌乡属之。在明清行政区划中，园区所在地一直属于松江府上海县高昌乡，主体部分兼跨二十五保的十四图、十五图等，一小部分属于二十四保。

上海县设立时并未筑城，到1553年（明嘉靖三十二年），因倭寇侵扰，才筑起县城。园区所在地被习称为城南地区。上海县城地处吴淞江与黄浦江之间，溯江而上，可达江南腹地，顺江而下，直通大海，在军事上具有重要战略意义。筑城第二年，朝廷在这里设立海防道，驻兵防守。城南一带，设有兵营。此后，城南逐渐出现一些村落、集市。

明清时期，上海地区社会经济相当繁荣，园区所在城南一带居民渐多，炊烟袅袅，邻里相望。两个地标性建筑在这里出现，一是南溪草堂，一是高昌庙。南溪草堂位于江滨，系明代举人顾英所筑，窗涵水影，门过潮声，宾客过从，把酒论学，好一派怡然自得的田园风光，清人有竹枝词专记其景。高昌庙有新、旧两所，均滨江而建。明代时期为附近朱、陈、张三姓居民乐助，清雍正间曾重修，后圮。庙宇供奉哪位神灵，住持为何人？因史料阙如，已不可考。日后江南制造局地址，即先前庙宇所在地。

鸦片战争以后，上海被辟为通商口岸。在多种因素综合作用下，上海城市快速发展，成为中国最大城市与多功能经济中心，园区所在地也沧桑巨变。

1865年，清政府在上海开办江南机器制造总局（简称制造局）。局址初设虹口，次年迁于高昌庙，占地七十余亩，后又不断扩充。清末民初，制造局是中国最重要的现代化兵工厂与造船厂，聘请洋员，雇用工人，生产新式轮船与枪炮子弹。制造局附设翻译馆，聘请中外学者翻译各种西书，包括数学、物理、化学、天文、航海、医学、法学，更多的是关于机器制造的技术书籍。与翻译馆同处一楼的还有广方言馆，那是一所专门学习西方语言文字及其他西学的新式学校，聘请中外教习执教其中。局中还设有专门培养技术人员的学堂。制造局地位重要，清政府需要专门派兵守卫。广方言馆是官办学校，兼任制造局监督的上海道台是其直接行政领导，道台大人时常要到制造局与学馆中视察、指导工作。这样，制造局就成为集兵工、制造、教育为一体的综合性现代化机构。从清末到民国，从两江总督、江苏巡抚到沪军都督、淞沪护军使，从军政领导到普通学人，都相当重视或关注这一机构。伴随这一现代大型企业的诞生，园区所在地交通设施、经济结构、社会结构都发生了重要而深刻的变化。各色厂房、江边码头、船坞、江岸道路、驻军营房次第建筑。著名的沪军营路就是为了适应制造局的需要而专门开筑的。为了适应大量导入人口的生活需要，附近农民的作物品种悄然发生变化，由粮棉而改为蔬菜。为适应人们交易需要的集市也空前繁荣起来。制造局东北角的高昌庙镇的兴起，就是其明证。

近代上海城市发展，是以县城、公共租界与法租界为中心，向北、南两翼扩展的。清末民初，北面是闸北兴起，南面则是城南发展，从董家渡到制造局之间的滨江地带，进入高速发展阶段。这里水陆交通都很便捷。水路方面，黄浦江水面辽阔，码头林立，有申大码头、沈家码头、鸿昌码头、江边码头等。陆路方面，沪杭铁路1909年建成通车，上海南站就设在这一区域内。通过沪杭铁路，上海可以迅速地通达松江、嘉兴、杭州、宁波地区。1916年，上海修建了北站至新龙华的联络线，沪宁、沪杭两大干线被连接起来。由此，从上海南站也可以便捷地通往苏州、南京一带。1927年以后，园区所在地成为上海特别市一部分，其发展也被列入上海特别市规划之中，被定位为"沪南工业区"。1928年，南京国民政府调整上海行政区划，城南地区被划为沪南区。到20世纪二三十年代，城南地区已是相当兴旺的新兴工业区。除了前面已经述及的江南造船厂，这里还有求新造船厂、法国自来水厂、上海内地自来水厂、华商电器公司等，面粉业、染织业、丝织业、搪瓷业等民族资本工业也纷纷落户这里。

纵观园区所在地在近代演变的历史，有一个特点极其鲜明，即区域命运与国家命运一起跳动。区域发生巨变的第一个契机，是洋务运动的兴起。江南制造局的创办，是中国历经第一次鸦片战争、第二次鸦片战争两次重创以后，痛定思痛，奋起学习西方坚船利炮的结果。晚清时期，江南制造局是中国政府官办的最大兵工厂，制造局的工业水平代表了中国的工业水平。区域发展的第二次契机，是1900年以后，上海地方士绅兴起地方自治运动，开展以铺路、造桥、装设路灯、改良市政、加强市政管理为重要内容的城市近代化运动。这是仿效租界市政建设与管理、不甘落后、见贤思齐的爱国运动。城南地区是这次运动的重点区域。经此运动，城南地区环境有所改善，为日后进一步发展打下了基础。区域发展的第三次契机，是南京国民政府成立以后，上海特别市成立，租界以外的上海地区被纳入大上海特别市发展规划。此后，城南地区进入新一轮快速发展时期。大上海特别市计划，是上海华界当局不甘于其市政建设与管理落后于租界，带有强烈的爱国主义色彩的建设运动，其规划制订、市政蓝图设计，都有与租界一争高下的内涵，带有鲜明的中华文化特色，其中心地在江湾，但城南也是相当重要的组成部分。这三次契机，表现方式有所不同，但其精神实质则一以贯之，就是不甘落伍，振兴中华。

纵观园区所在地在近代的景观，还有一个特点极其鲜明，即区域景观十分注意突出中华元素。这以半淞园最为集中。半淞园始建于1918年，占地七八十亩，是上海城南最大花园。园取杜甫《戏题王宰画山水图歌》诗中"翦取吴淞半江水"诗意命名，园名即富含中华文化元素。园林设计强调"全园悉从华制，无仿效洋式之处"。园中亭台池沼，一依山水画稿，加以点缀，没有采用欧美园林常见的那种大片草坪、大块广场的样式，而将水景、假山作为园林的主体景观，由人工开挖园湖，延伸出数条河道，复将挖湖之淤土堆叠成假山，以人为之美融入天然，以清幽之趣构筑浓丽。这种艺术情趣，深得中国传统园林美学真谛。园中一年四季花卉盛开，以牡丹、红梅、金橘、桃花最有名，均为中国传统名花。与景观风格相呼应，半淞园内景点名目，也带有浓郁的中华意蕴，诸如江上草堂、群芳圃、枕流轩、杏花村、碧梧轩、荷花池、九曲桥、藕香榭、水风亭、又一村、剪淞楼、迎帆峰、瞰江亭、花径、云路等。园中时常举办花卉展览、焰火晚会等。尤其是中国传统时代常见的兰花会、龙舟赛，还有众多文人爱好的昆曲，在半淞园最为出名。每年端午节前后的三五日，半淞园内照例有龙舟竞渡表演，嘉定、南翔、浦东、罗店等地的龙舟竞相来此献艺，引得无数游客近悦远来。1923年来看龙舟的游客有七八千人，1926年有2万左右，到1934年则不下3万余人。由此，半淞龙舟成为民国上海旅游的一大亮点。

半淞园突出中华文化元素，与当时上海租界的外滩公园、法国公园（今复兴公园）、极斯菲尔公园（今中山公园）、虹口公园凸显西洋文化元素，适成鲜明对比，与华人设在公共租界的张园也很不相同。当时曾有人比较半淞园与张园文化韵味之差异，认为半淞园如同晚唐文人之诗歌、恽南田笔下之花卉，张园则是"欧化文、西洋画"，风格迥异。这在一定程度上折射了那时中国绅商眷念中华传统文化，坚守与弘扬中华文化的心态。这与日后在这里兴建的世博会中国馆突显中华文化元素，简直如出一辙。

是巧合，还是有着某种内在联系？有待专家解读。

区运连着国运，园色凸显国色。最能反映园区所在地兴衰与国家命运脉搏一起跳动特点的，是1937年"八一三"事变以后，侵华日军飞机野蛮轰炸南市，投下8枚炸弹，炸死炸伤七百余人，风景秀丽的半淞园被炸为废墟，繁忙热闹的上海南站被夷为平地，其他诸多现代企业、市政设施也横遭摧毁。一度道路宽畅、厂房林立、繁荣昌盛的城南地区，变得瓦砾遍地，尿粪横流，蚊蝇乱飞，满目疮痍。

从抗日战争爆发以后，直到1949年上海解放，园区所在地经济社会一直与脏乱差联系在一起，棚户连片，人口拥挤，环境肮脏，治安混乱。尤其是南车站路、厅西路、保屯路、西凌家宅、惠祥弄等地的草棚简屋最为密集，环境最为恶劣。解放前夕，这一地区在政治上是江南造船厂、南市发电厂进步工人进行抗日反蒋的地下斗争之地，同时又是流氓横行、恶霸当道和各类社会渣滓麇集之所。

解放以后，园区所在地长期属于蓬莱区（后为南市区）半淞园街道，居民95%左右是劳动人民，内以工厂工人、三轮车、场车、建筑和手工业工人占多数。人民政府对园区所在地大片棚户区进行了改造，在南车站路、保安路建成一批市民新村。至20世纪80年代，所有臭水浜都被填平，建成多条柏油马路，建造了200多幢工房。改革开放以后，园区所在地实行大面积旧区改造。2000年，原黄浦区和南市区"撤二并一"后，淞园小区陆续拆除危棚简屋1万7千平方米，动迁居民2800余户，单位44家，当时规划这里将建设各类建筑40万平方米，其中住宅33万平方米。2002年以后，随着上海世博会积极筹办，给园区所在地的城市更新带来了脱胎换骨的契机。作为浦西世博园区的主要参与者之一，半淞园区境内的中山南路、西藏南路口社区拥有近1平方公里的世博用地，被规划为浦西世博园的"陆上大门"。为了擦亮这浦西世博"第一扇窗"，半淞园社区围绕"旧区改造"，努力演绎世博会"城市，让生活更美好"的主题，建设现代宜居城区，推动居住区建设的定位逐渐走高，社区居住形式出现多元化。园区所在地在宜居环境品质、低碳生态模式、工业建筑再生、

科技集成应用和地域文化特色方面，充分体现可持续发展的理念。百年老厂房变身"星级绿色建筑"，南市发电厂成功改建为"城市未来馆"，使其成为上海城市变迁的见证者。发电厂于2007年正式关停，实施综合改造。发电厂区内高达201米的大烟囱，变为以不同颜色展现天气状况的"世博气象景观塔"。其他一些工业建筑，分别被改造为多个城市参展者的"案例联合馆"。

熊月之

中国史学会副会长、中国城市史学会会长、
上海社会科学院研究员、复旦大学教授

浚浦总局黄浦江图（城南局部），1922 年

从卢浦大桥到南浦大桥,浦西一侧,从浦东拍摄,2014 年 5 月 22 日

世博会城市最佳实践区,从浦东拍摄,2014年5月22日

目 录

导　读 1

第 1 章　图说城南 1
　　一　明清时期的城南 3
　　二　近代的城南 5
　　三　1949 年以来的城南 12

第 2 章　明清时期的城南 17
　　一　上海筑城与"城南"的出现 17
　　二　黄浦江与城南的变迁 21
　　三　城南的商业与市集 26

第 3 章　近代化进程中的城南 37
　　一　城南的区位优势 38
　　二　近代企业分布与"沪南工业带" 41
　　三　城南的市政建设 63

第4章　半淞雅韵 ... 71
一　半淞园开幕 ... 72
二　半淞园景观 ... 77
三　园内活动 ... 81
四　经营·印象·影响 ... 97

第5章　街道时期的生活 ... 107
一　半淞园街道的嬗变 ... 108
二　街道里的单位 ... 118
三　街道里弄的集体化记忆 ... 124
四　现代城市社区 ... 133

第6章　成为上海世博会城市最佳实践区 ... 141
一　大事件影响下的街区更新 ... 142
二　营造"城市最佳实践区" ... 147
三　上海世博会的召开：共享城市实践的创新成果 ... 156
四　城市最佳实践区后续开发与利用 ... 160

附　录 ... 171
1. 图片目录 ... 171
2. 主要参考文献 ... 179

后　记 ... 191

上海的城南旧事

第1章 图说城南：地图中的变迁

上海南浦大桥浦西一侧，有一处标志性建筑格外醒目，原是南市发电厂高耸的烟囱，后被创意为一个巨大的温度计。"温度计"的下面，就是世博会地区城市最佳实践区，其范围大致是：东至南浦大桥，南至黄浦江岸线，西至保屯路—望达路，北至中山南一路。①

① 根据"上海市人民政府关于同意《上海市世博会城市最佳实践区控制性详细规划》的批复"，该区域规划总用地面积约57.66公顷，见上海市人民政府文件，沪府[2012]98号。

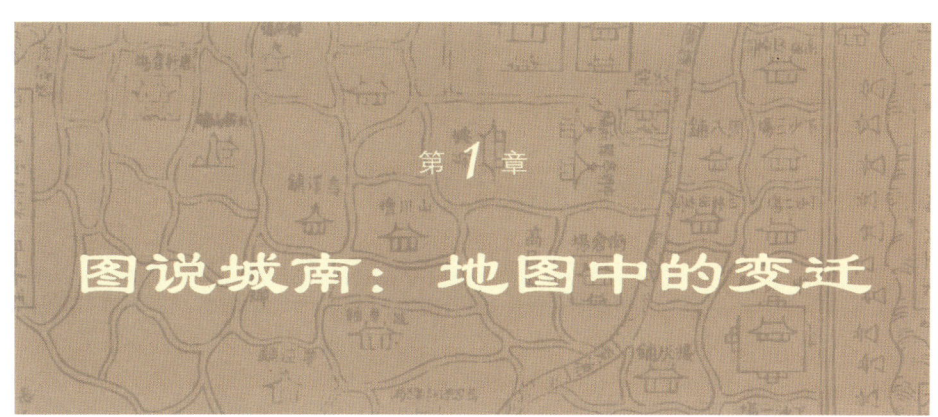

图1-1，"温度计"

如今这片被称为"实践区"的地方，历史上因地处上海县城之南，有"城南"之说。

明清时期的城南一带，浦溆漾洄，呈现的是一幅江边芦苇丛生、水鸟扑扑而飞的画面。

步入近代，著名的江南制造总局就设立在附近，烟囱耸立，炼钢铁，制枪炮，造船舰，城南一带的工业化也由此开启，城市化进程快速推进。黄浦江上船只络绎不绝，码头岸边一片繁忙。

进入21世纪，上海成功获得了2010年世博会的主办权，这里成为世博会的最佳实践区，迎来了前所未有的发展机遇，改造更新，街区面貌焕然一新。

要讲上海的城南旧事，首先要了解城南一带的形成与演变。

以往对一个区域的研究，主要依据文献资料，利用文字论述者居多。然而，要深入探讨这一区域长时段的变迁，文字的表述终究有其局限性。须知，一个区域的形成与铺展，是有许多维度的，可以通过平面，也可以通过立体，其构图也异常复杂。近年来，我们从海内外各地陆续搜集到不少地图，这些地图绘制的时间跨度很大，从16世纪一直到现在，体现了多种维度，且有不同的构图特点。通过对城南一带各种空间构图的解析，其空间形态、功能结构等得以充分显示。

· 图1-2，上海市人民政府文件，关于世博会地区最佳实践区的规划范围

一、明清时期的城南

自 16 世纪中叶上海县城兴筑以来，原来荒僻的城南也逐渐兴盛起来。从几幅地图中可以反映明清时期上海城南一带的景象。

1. 明弘治十七年（1504 年）修《上海志》，附"上海县地理图"，此为上海的早期地图，从绘制的地图来看，无比例尺之设，也无方位之定，只反映大致轮廓，环绕县治内外，旁有黄浦、吴淞江，内有上海县衙、儒学、城隍、社坛、馆驿等。综合其他文献记载，其时上海县城未筑，县治南靠黄浦江滩地，人口稀少，图中标注高昌乡、南仓场等。

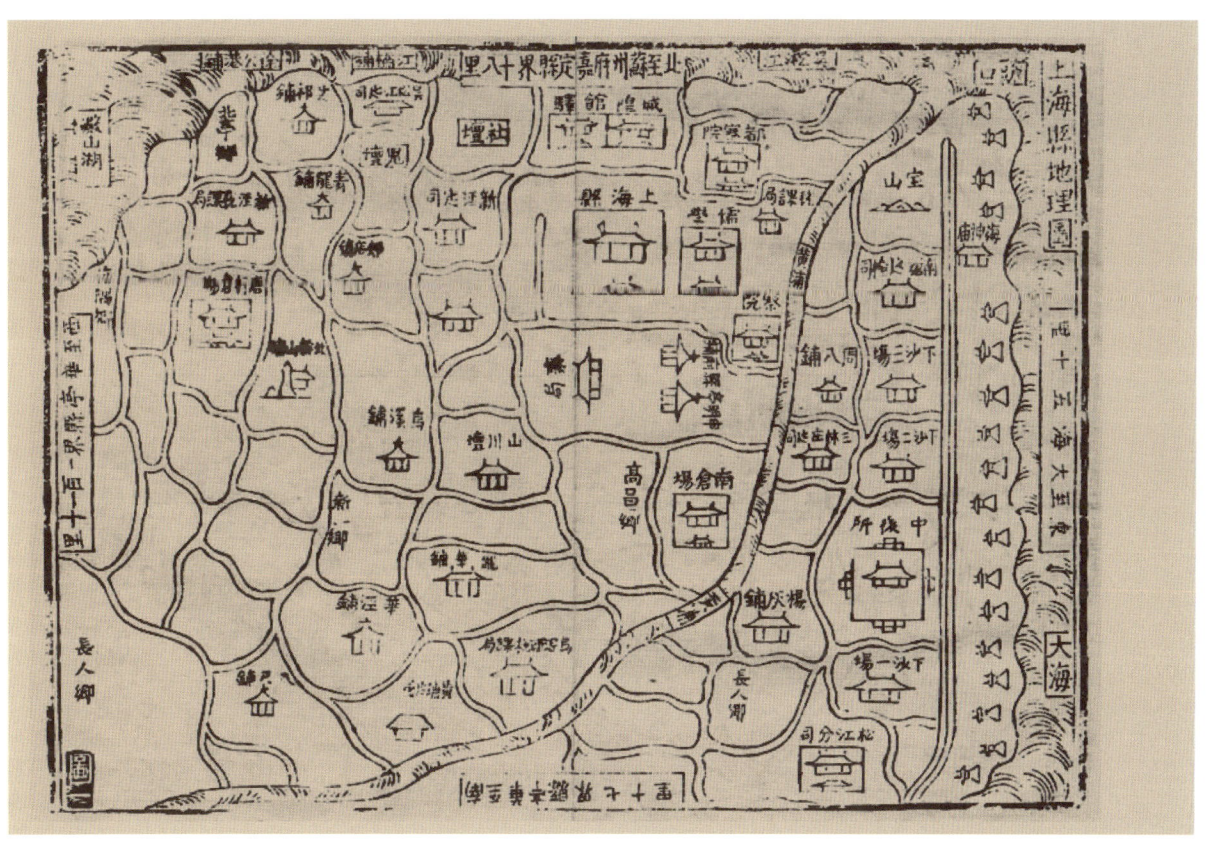

· 图 1-3，明弘治十七年（1504 年）《上海志》所附"上海县地理图"

2. 清嘉庆年间上海县城内外图。

上海县城陆门有六：东曰朝宗，南曰跨龙，西曰仪凤，北曰晏海，小东门曰宝带，小南门曰朝阳。另有水门三，东西的一座跨肇嘉浜；一座在小东门，跨方浜；一座在小南门，跨薛家浜。① 四周设防，设敌楼、平台。城南属高昌乡，有南仓渡、高昌渡、草庵渡等，有校场，不远处还有草堂。

① [清]嘉庆《上海县志》卷一"图说"，卷六"桥梁"等。

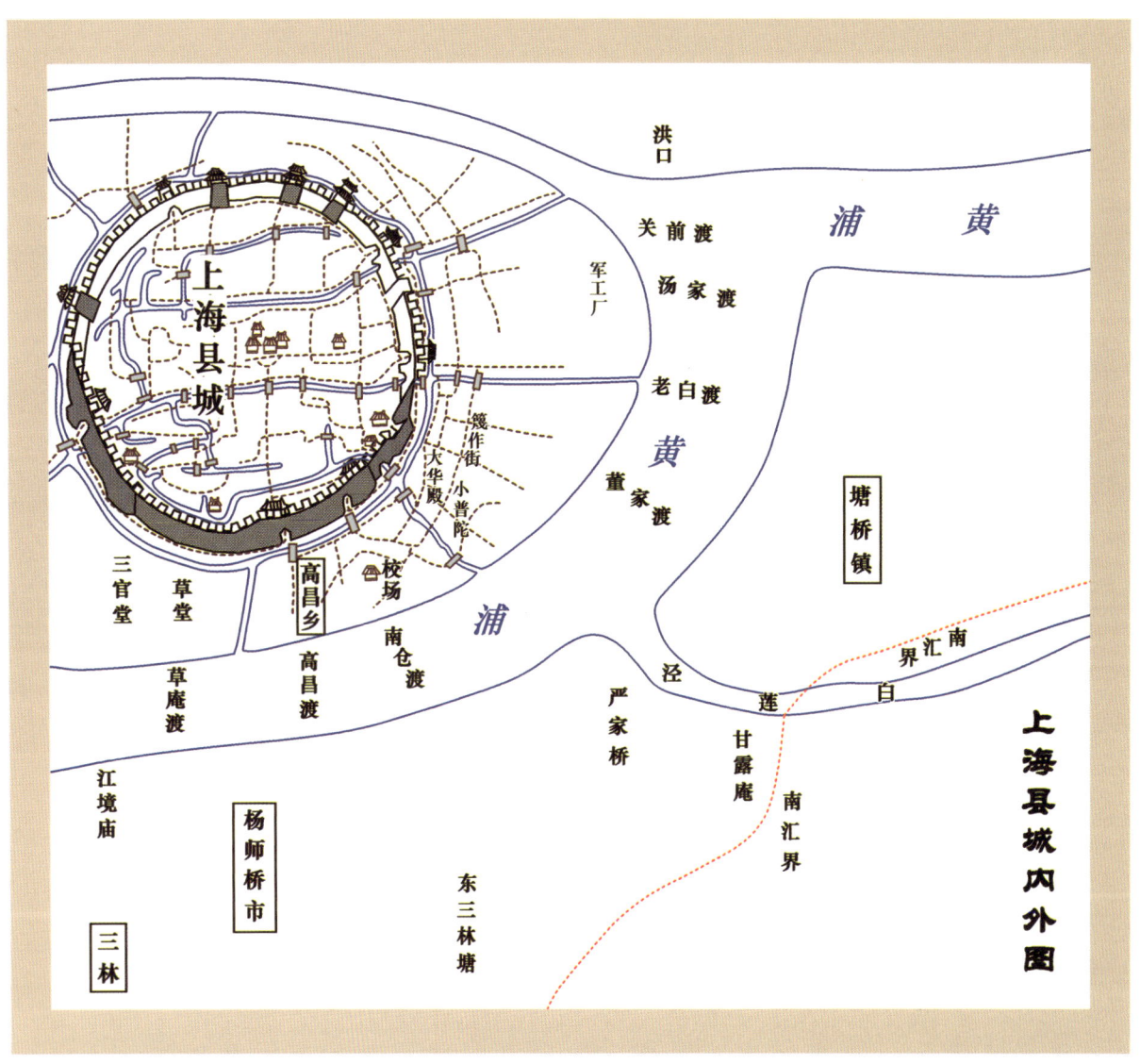

- 图1-4，上海县城内外图，邹怡改绘

清嘉庆《上海县志》卷一图说中有"今上海县全境图""县城图""水道图"，清嘉庆十九年（1814年）刻本，复旦大学图书馆藏。

3. 清嘉庆十九年（1814年）《上海县志》所附"乡保区啚图"，反映城南一带的乡保区啚。

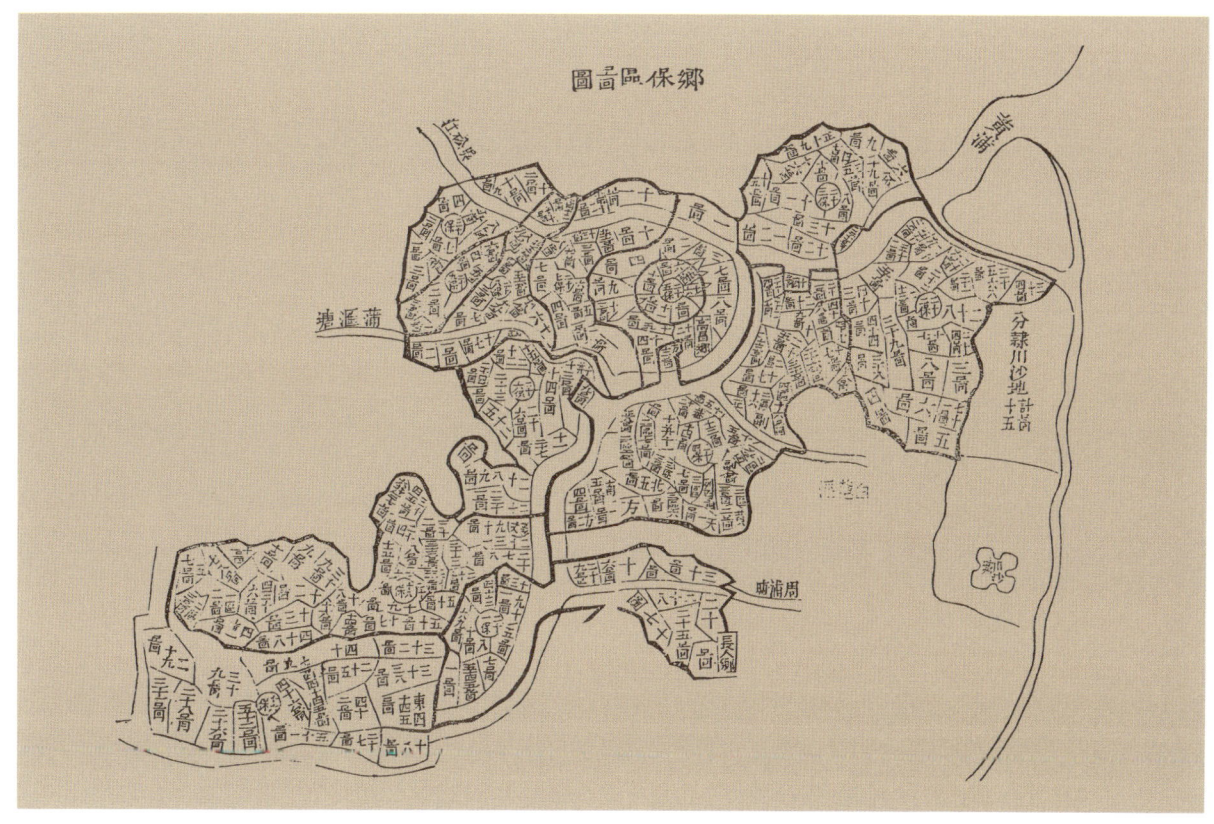

这里属上海县高昌乡。

· 图1-5，清嘉庆十九年（1814年）《上海县志》所附"乡保区啚图"

二、近代的城南

随着近代上海城市的发展，位于华界的城南一带也发生了很大变化，修筑道路、建立码头、设立工厂，景观大变，格局也异。

1. 清同治十年（1871年）《上海县志》所附"江南机器制造局图"。同时，附江南制造局周边的保图分布（法华乡分图）。

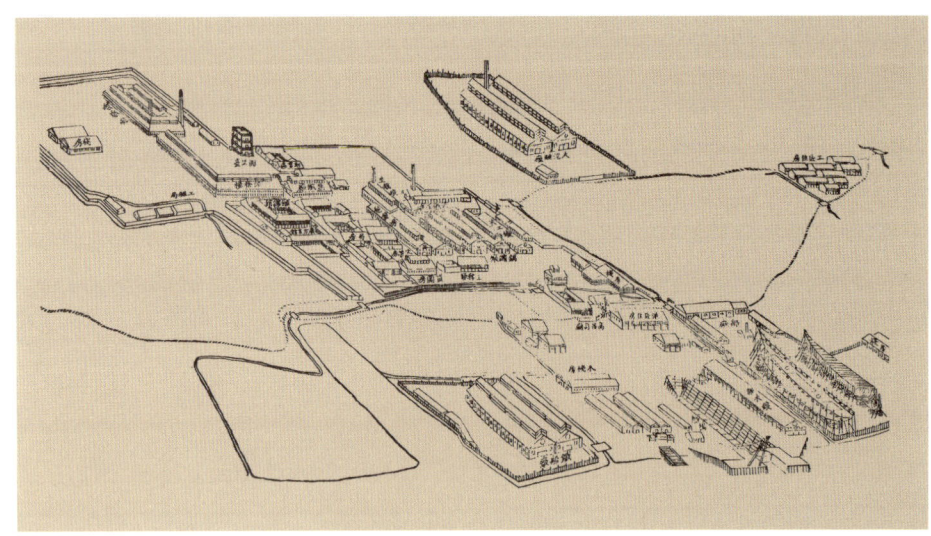

· 图1-6，清同治十年（1871年）《上海县志》所附"江南机器制造局图"

2. 清光绪二十一年（1895年）《江苏全省舆图》中的"上海县图"，图中标示"南关"。

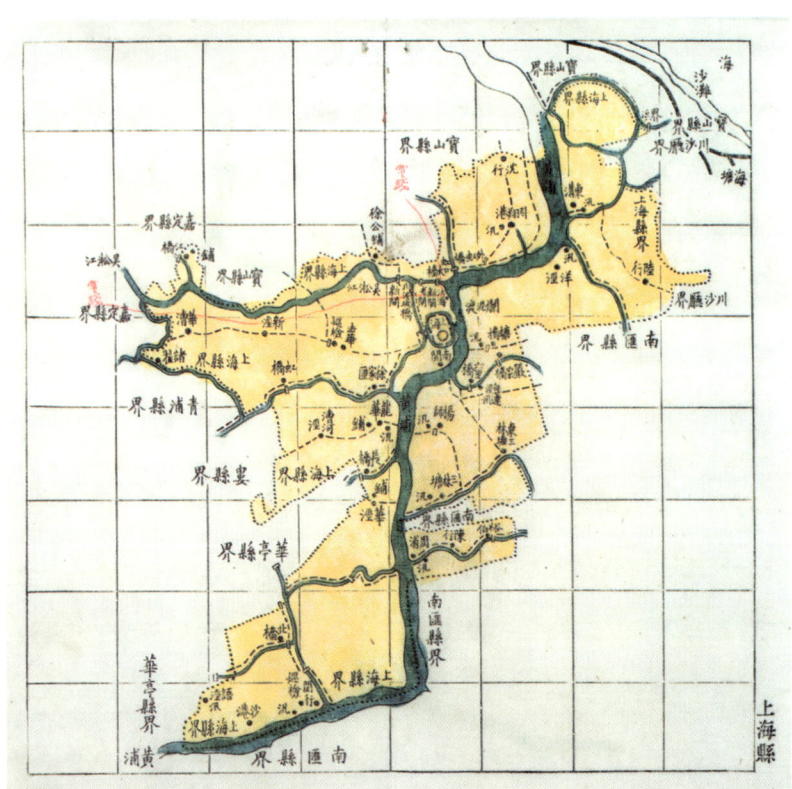

· 图1-7，清光绪二十一年（1895年）《江苏全省舆图》中的"上海县图"，图中标示"南关"

3. 这幅题为"上海通商内外舆图",刊印于1902年(壬寅年),标注城南一带的地名与景观,有沪军营、法界自来水公司、内地自来水公司、望道港口、炮队营等。

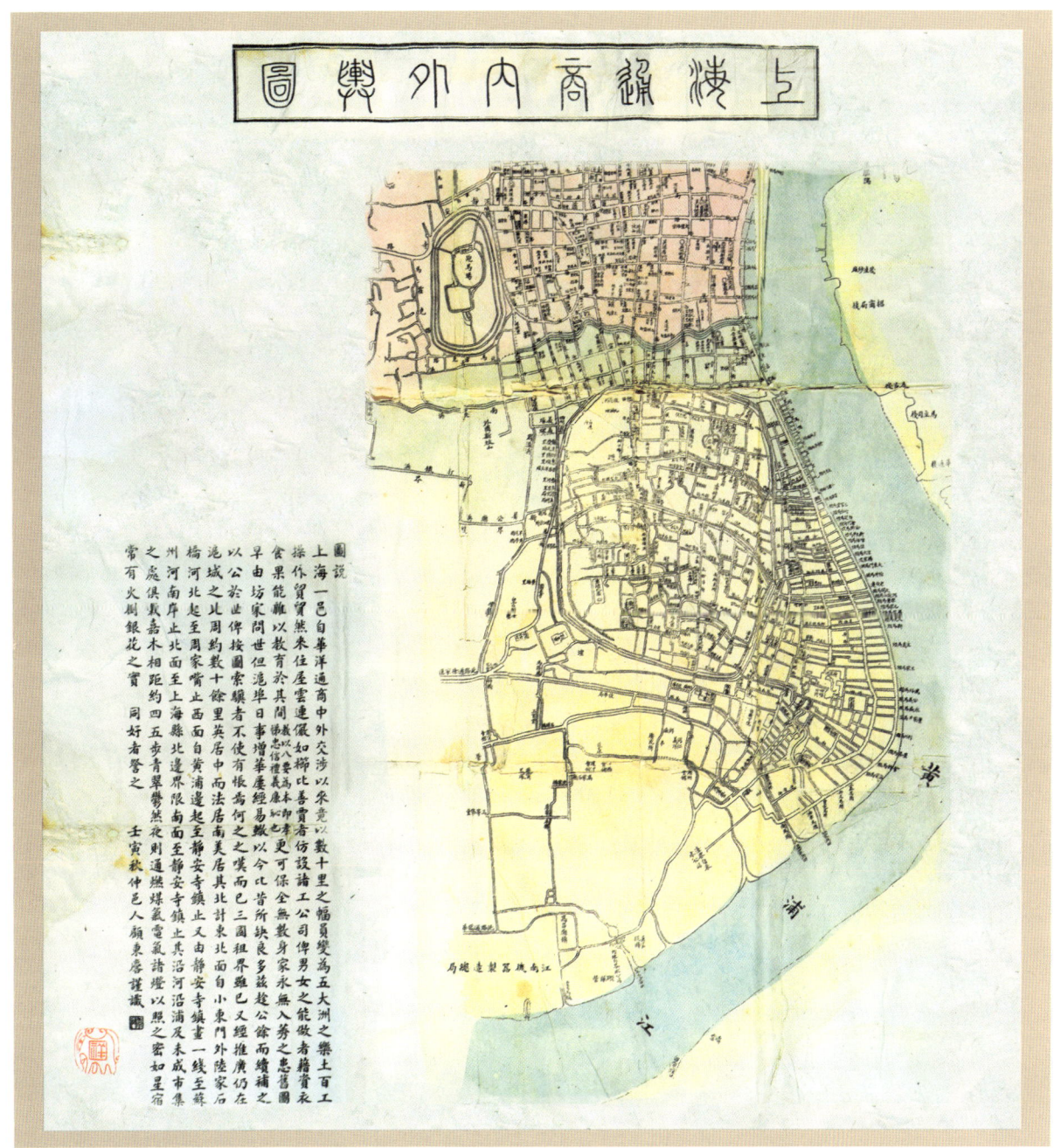

· 图1-8,1902年(壬寅年),"上海通商内外舆图",标示城南一带

4.1921 年外文地图，"黄浦指南图"。Whangpoo Conservancy Board, reported by The Committee of Consulting Engineers. Shanghai Harbour Investigation, 1921. The Shanghai Mercury, Limited, Printers, 1921.

黄浦江沿岸，城南的位置。

· 图 1-9，黄浦指南图

5."沪南区地籍图"，上海市土地局 1933 年绘制，有总图、分图，注明这一带地籍上属于"往字圩""来字圩"，反映出的土地权属非常清晰。

· 图 1-10，"沪南区地籍图"，1933 年刊印

6. 1937年"上海市区域现状图"中,涉及城南部分,沿浦西段,由东而西,标注了求新厂、法国自来水厂、半淞园、上海内地自来水公司等。

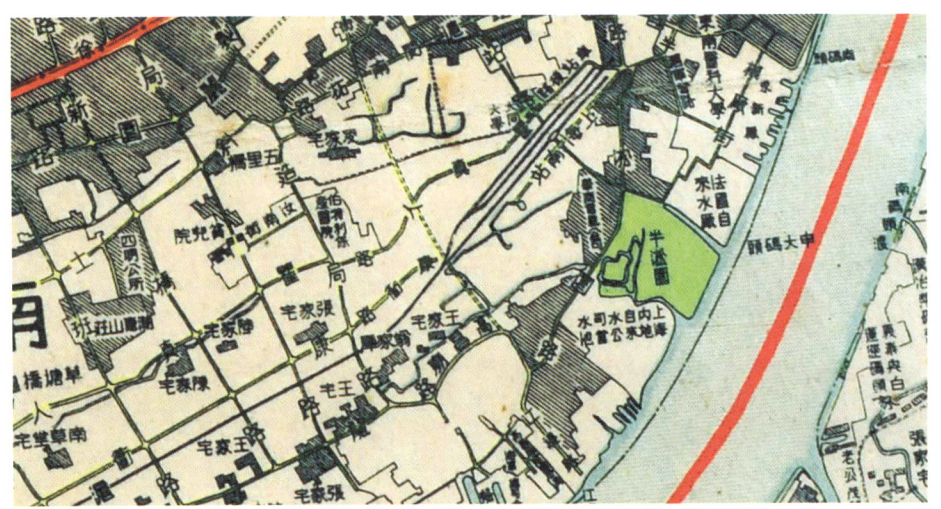

· 图1-11,1937年"上海市区域现状图",上海城南一带局部图

7. 1939年"上海鸟瞰地图",选自钟翀编著《旧城胜景》,上海书画出版社2011年版。由钟翀提供。

日本人所绘的近代上海鸟瞰地图,图中标注了城南的部分建筑物或景观。"按图背面文字说明,本图系日本名所图绘社于1939年10月20日印制的书简图绘式鸟瞰地图,并由近代沪上著名日系书社——'至诚堂'发行,作者为金子常光。"① 该图取自浦东由东向西俯瞰视角。从图上看,自新龙华到江湾的整个大上海区域之内,凡主要的铁路、公交线路和非公交线马路,均以红黑色、红色实线和红色虚线加以区分。

涉及上海县城南部分,标注了上海南站、半淞园等。可惜,将"半淞"写成"半松"。

① 钟翀编著:《旧城胜景》,上海书画出版社2011年版,第98—99页。

· 图1-12A,上海鸟瞰地图,局部

第1章 | 图说城南:地图中的变迁

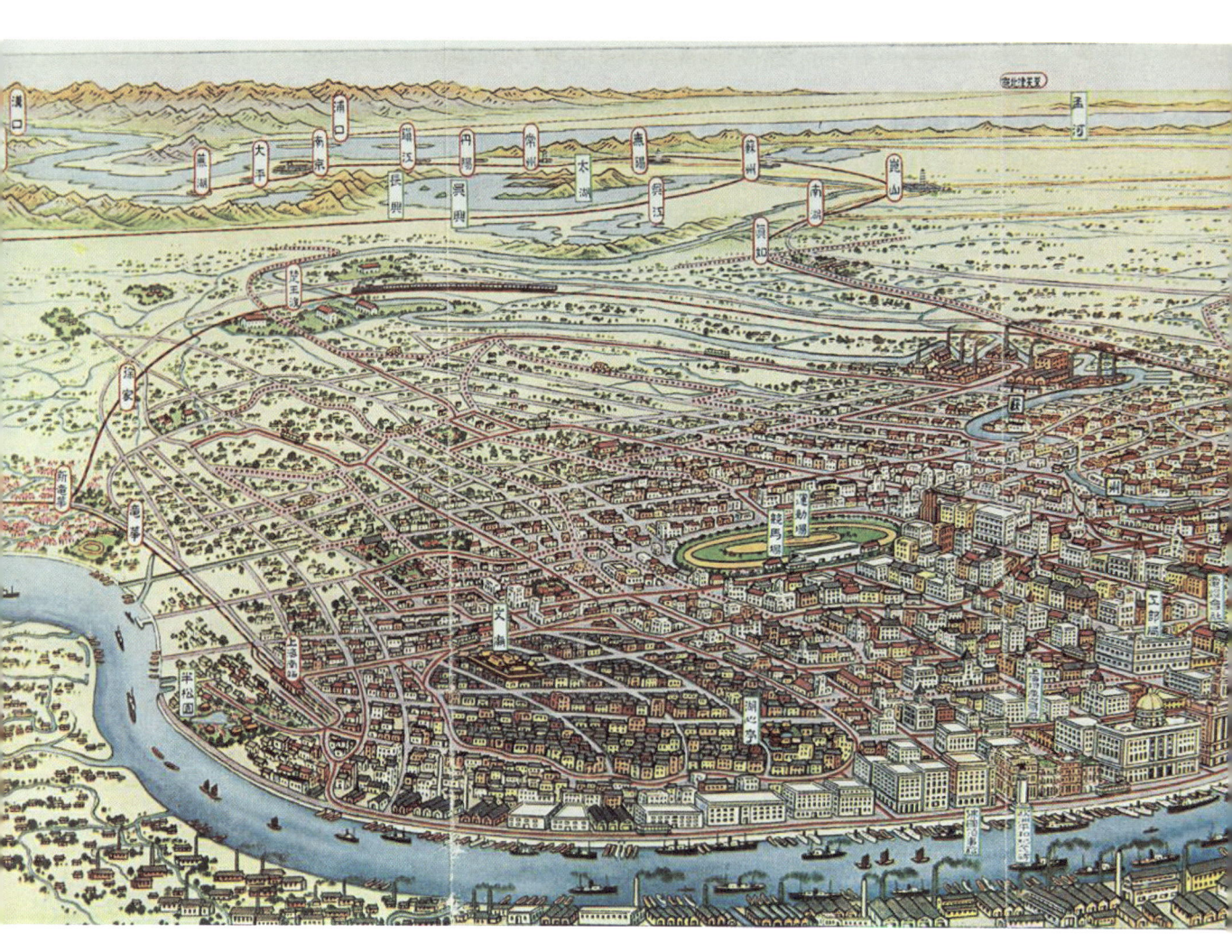

上海的城南旧事 | Memorials of the southern Shanghai

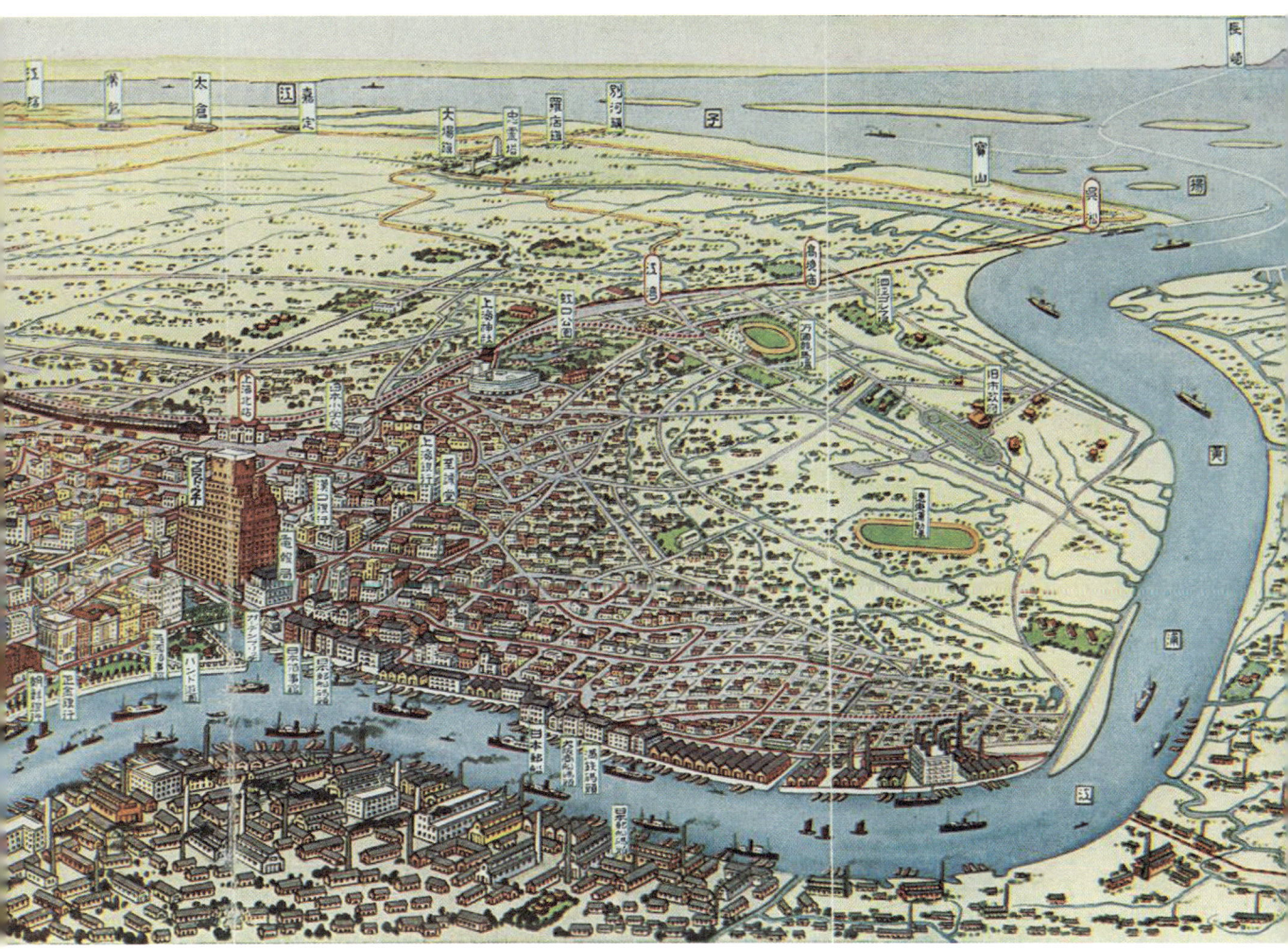

· 图 1-12B, 上海鸟瞰地图

第 1 章 | 图说城南：地图中的变迁

8."最新大上海地图"（1941年），涉及城南滨江地区。

此图由日本人绘制，按两万四千分之一缩尺。初版发行于昭和十四年，昭和十六年订正再版，由日本堂书店发行。

反映经日军轰炸后的景观变化以及日军占领时期的状况。

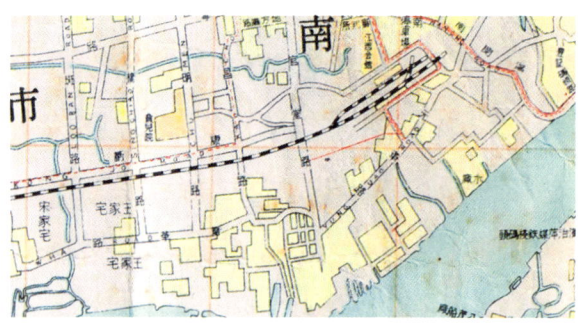

· 图1-13，1941年版"最新大上海地图"，城南一带局部图。日本堂书店发行

三、1949年以来的城南

1949年中华人民共和国成立后，城南一带的行政隶属关系几次变化，一些机构与单位的名称也屡有变动。1978年实行改革开放以来，这一带的街区面貌、经济结构、社会生活方式发生了较大变化，尤其是随着2010年上海世博会的召开，这一带成为世博会的"最佳实践区"，街区形态、景观为之大变。

1. 上海市分区街道图（1953年），滨江部分，属蓬莱区南境。

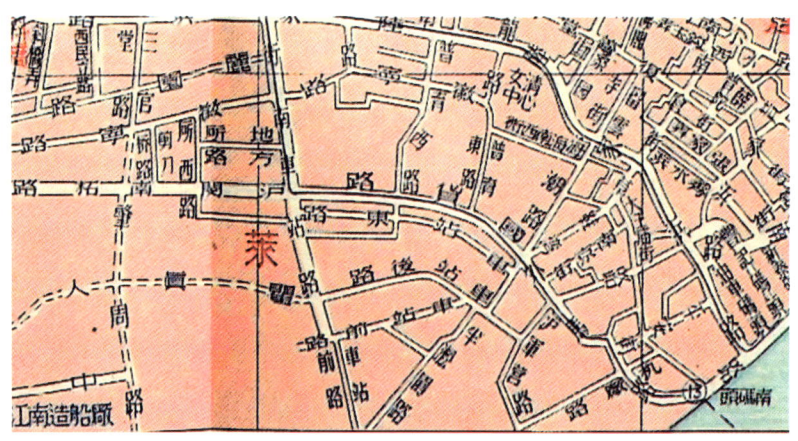

· 图1-14，1953年"上海市分区街道图"局部图

2. 上海市市区图（1960年），滨江部分，为南市区南部一带。

• 图1-15,1960年"上海市市区图"局部图

3. 上海市交通简图（1971年），滨江部分，南市区南部一带。

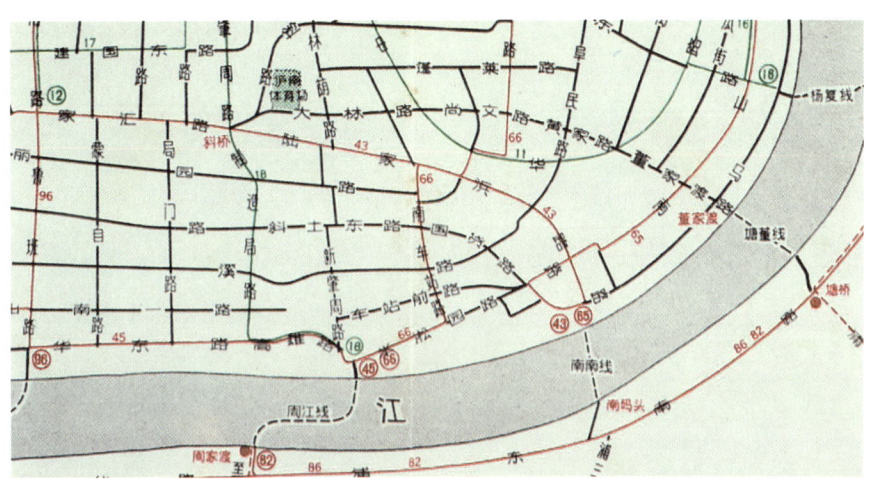

• 图1-16,1971年"上海市交通简图"局部图

第1章 ｜ 图说城南：地图中的变迁

4.1980年代上海南市区南部辖区图。

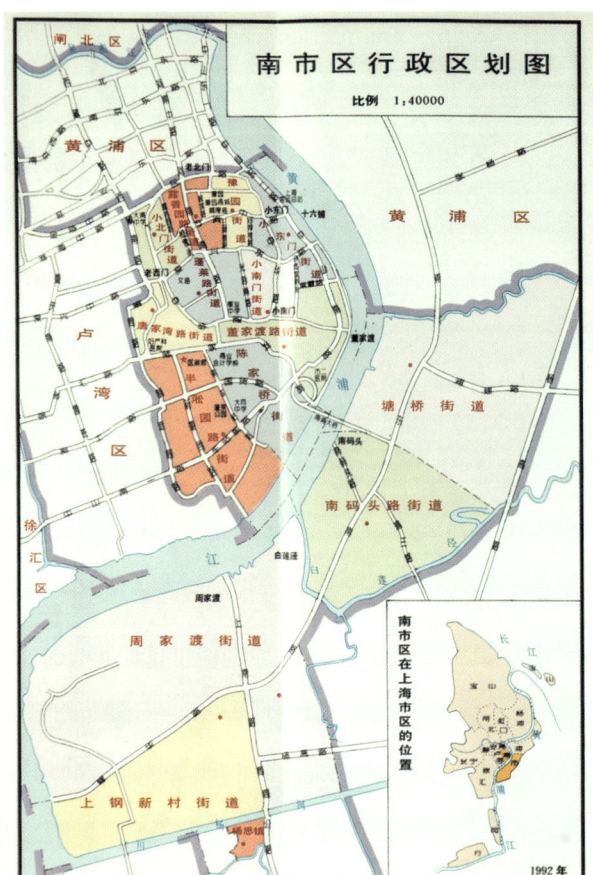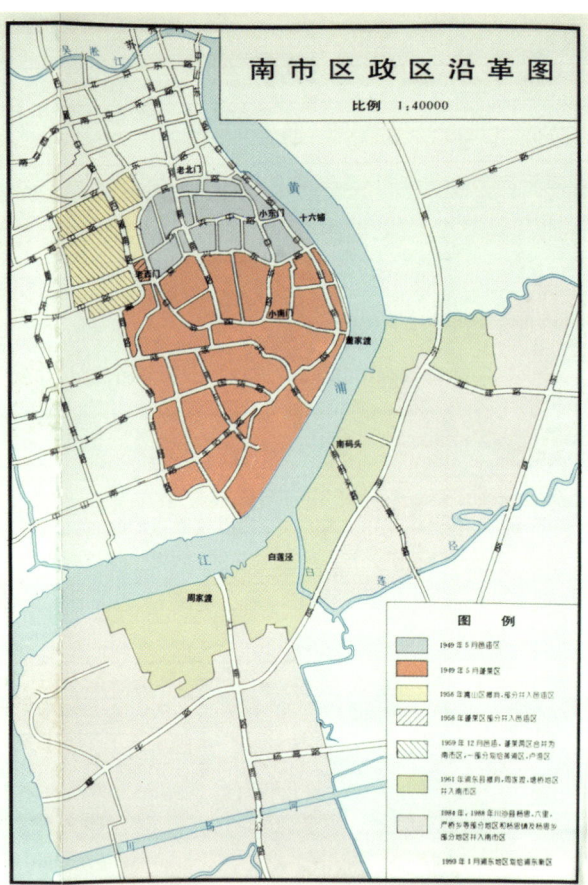

· 图1-17，南市区行政区划图与政区沿革图，选自《南市区志》

14 上海的城南旧事 | Memorials of the southern Shanghai

5. 1995年南市区行政区划图。今属黄浦区。

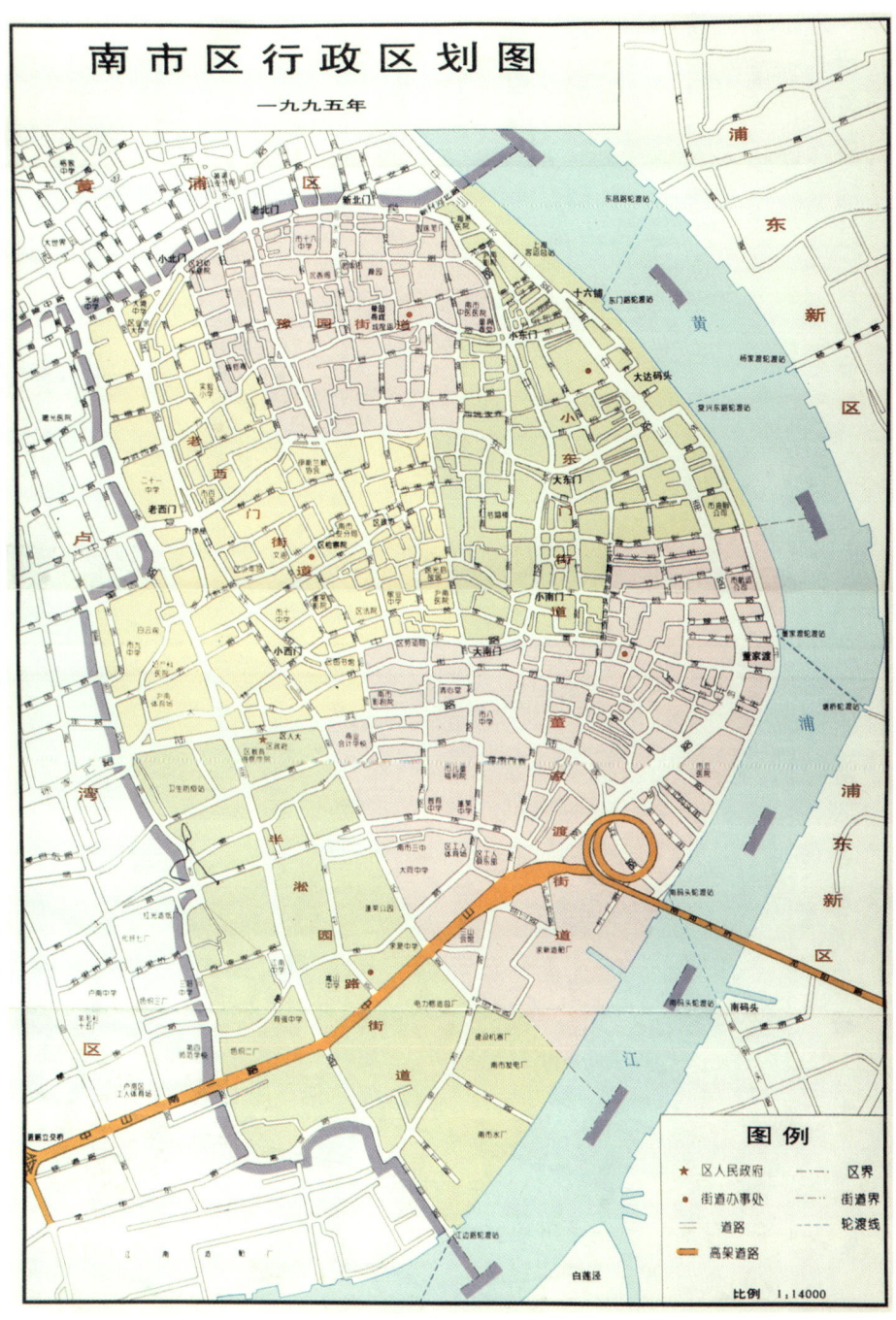

· 图1-18,1995年南市区行政区划图,选自《南市区志》

6. 2013年上海世博会实践区一带地图。

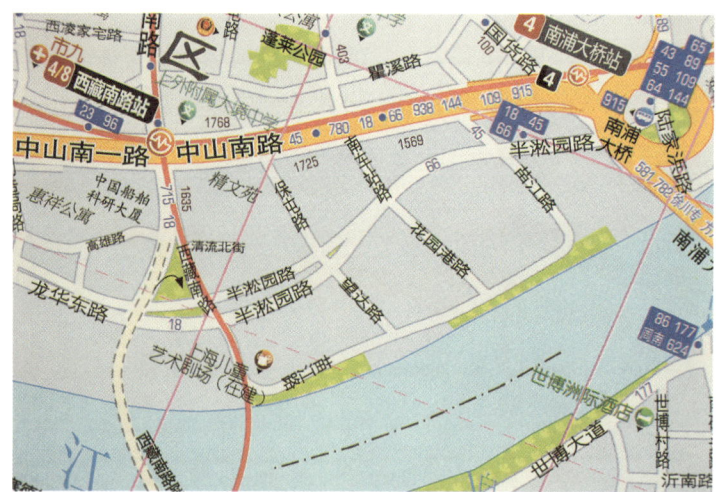

· 图1-19,2013年上海世博会实践区一带地图

7. 上海世博会实践区风貌。

· 图1-20,城市最佳实践区,摄于2014年5月15日

透过各个时期的地图,可以从中了解不同的历史信息,折射城南一带的空间扩展与景观变迁,反映她的前世今生。

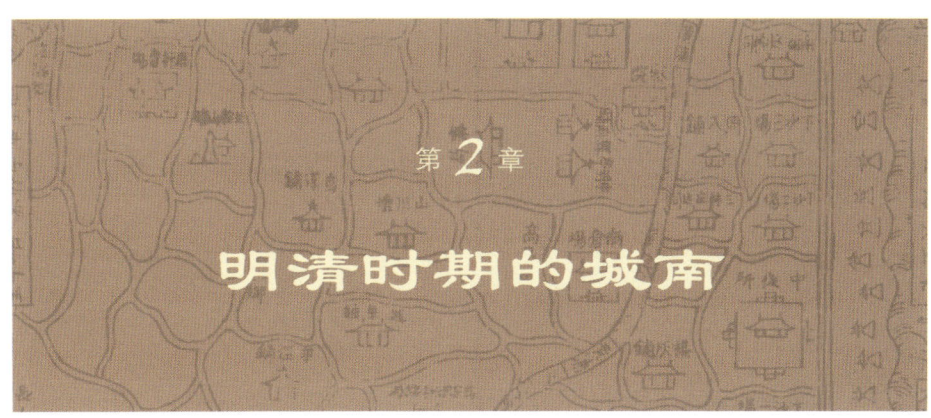

第2章 明清时期的城南

作为上海县城的南翼,城南一带紧靠黄浦江,地势广阔,上溯江南内腹,下通江海。随着明代中叶上海县城的修筑,城南作为上海的一大门户,在军事、交通等方面所具有的重要战略地位日渐凸显。明清时期,官府在这里兴建兵营,驻扎军队,周边陆续出现了一些集市、村落,闽浙粤一带商人也集聚于此,置地建房,有了几家会馆、公所,于是,城南的历史日渐丰满。

一、上海筑城与"城南"的出现

讲到城南,首先就要从上海设县、筑城说起。

元至元二十七年(1290年),松江知府仆散翰文以华亭县地大户多,民物繁庶难理为由,提议另置上海县。[1] 朝廷同意松江府的提议,准允划出华亭县东北的长人、高昌、北亭、新江、海隅五乡凡二十六保,分设上海县。两年后,即至元二十九年(1292年),上海县正式成立,上海县从此成为一个独立的行政区,与华亭县并为松江府属县。

上海立县后,并没有"城"。上海县初立,以旧榷场为县署,长期以来无城池可据,这在中国县治中也不多见。为什么没有筑城设防,明弘治《上海志》有这样一段解释:"上海以镇升县,故旧无城,后之作令者尝

[1] 唐时措所撰《县志记》中云:"以华亭地大民众难理,命兮(析)高昌、长人、北亭、海隅、新江五乡凡二十六保立县。"仆散翰文,字行之,元至元十九年(1282年)知松江府,奏析华亭东北五乡为上海县,以府直隶中书行省。

欲建请，然无遗址可因，其势颇难，而议者又谓市虽逼浦，而素无草动之虞，在所不必作者，故屡谋而屡寝焉。"① 当地士绅屡有建城之议，却一直被以"无遗址可因"为借口，始终没有筑城之举。

① [明]弘治《上海志》卷一"城池"。

就这样，没有城墙的上海，过了200多年。

海疆升平，县治近浦邻海本无多大关系。但事实上，明代东南沿海并不太平，其中，最突出的问题就是"倭乱"。自元末明初以来，上海沿海地带，已屡受海盗、倭寇骚扰。倭寇问题的出现，原因十分复杂，既与我国的国内政局有关，如与元末群雄争长战局有一定关系，也与日本的形势密切相关。14世纪初，日本进入南北朝分裂时期，战败的武士、浪人到我国沿海地区进行走私抢劫，从事海盗活动。为此，早在明洪武之时，朝廷就注意加强海防建设，在东南沿海一带开始建卫立所。在江浙沿海，从长江口到杭州湾，先后设立太仓卫、镇海卫、金山卫、海宁卫等。各卫下辖数所，拥兵千万。按明制，定5600人为一卫。同时在这些卫所度地筑城，严阵以待。当时上海南部的金山卫城规模很大，周回十二里，高二丈八尺。金山卫领千户所六，其中守御南汇嘴的是中后千户所，该所也设城，"周五里一百四十九步，高二丈五尺"。② 所以，有人称上海一带"素无草动之虞"，认定在县治所在地不必筑城，有这样的想法实在带有侥幸心理。

② [明]弘治《上海志》卷一"城池"。

到了明嘉靖以后，日本陷入了战乱纷飞的"战国"时代，在各地诸侯支持下，日本的一些军人、盗寇与我国东南一带奸商、土豪、海盗相勾结，在沿海地区进行烧杀抢夺。沿海倭寇之警四起，上海地区受到的威胁尤其严重。上海东南的川沙洼、柘林，一度成了倭寇侵扰江南的巢穴。上海县治附近的青龙、蟠龙、乌泥泾、下砂、新场等市镇昔称繁华，尽成瓦砾。特别是到了嘉靖三十二年（1553年），上海县城在四月至六月间，因无城池可据，以致接连遭受五次寇祸，一次比一次惨烈，县署、民居尽为火焚，街市半成焦土，停在江中的粮艘也全部被烧毁。县治东、南面靠近黄浦江，更易遭受倭寇侵扰，街市、村落被洗劫一空，损失惨重。黄浦沿岸数百里，任由倭盗驰骋。饱尝了倭寇蹂躏的人们，终于意识到筑城抗倭的必要性。

在一批地方乡绅的强烈要求与热情支持下，时任松江知府的方廉也认为再不能迟疑了，于是度定基址，抽调人员，旦暮督工兴筑城垣。① 是年，上海县城完工告竣。此距上海建县已整整260年。

新筑的上海县城，位于松江府城东北九十里，城周围凡九里，高二丈四尺，陆门有六：东曰朝宗，南曰跨龙，西曰仪凤，北曰晏海，小东门曰宝带，小南门曰朝阳。水门三座，其东西的一座跨肇嘉浜；一座在小东门，跨方浜；② 还有一座在小南门，跨薛家浜。城四周设防，设敌楼、平台，建雉堞，挖壕沟，"广六丈，深一丈七尺，周回潆绕，外通潮汐"。③

① 方廉，号双江，浙江新城（今富阳）人。嘉靖二十年（1541年）进士。三十二年（1553年）任松江知府。为防倭寇骚扰，采纳上海县人、光禄寺少卿顾从礼筑城之议。翌年正月，倭寇从南沙突攻上海，以新城坚固而莫能克。又沿黄浦攻府城，仍不得破。因功擢右佥都御史，巡抚应天，详见[清]嘉庆《上海县志》卷九"官绩"。

② [明]万历《上海县志》卷五"城池"。

③ [明]万历《上海县志》卷五"城池"。

· 图2-1，上海县城墙

上海城处于吴淞江与黄浦之间，地理位置险要，上溯江南内腹，下通江海，因而在兵防上具有重要的战略意义，朝廷于嘉靖三十三年（1554年）特设海防道。上海城的兴筑，在此后抗倭斗争中迅速发挥作用。

有了城，就有了"城南"的概念。上海的城南故事，也是从抗击倭寇开始书写的。

上海筑城不到几个月，就有一股倭寇侵入，他们袭击了黄浦江上的水师，于嘉靖三十三年（1554年）正月直逼上海城。上海军民在苏松海防道佥事董邦政的率领下，沉着应战。城墙新筑，面临战事，又逢大雨，故多有崩坏，据载，城墙倒塌四十余丈。董氏一面让军民连夜抢修，同时安排神枪手在城崩之处伏击，随时击毙袭城之敌。敌见伤亡惨重，离城而去，散往四郊抢劫。三、四月间,上海又进行了第二次保城战斗,因有城池据守,倭寇始终未能攻进城内。上海县城保卫战的胜利,有力支援了江南其他地区的抗倭斗争。

· 图2-2,《长春园附集》内容(选)　　· 图2-3,《长春园附集》封面

嘉靖三十二年,时值倭寇侵扰严重,兴筑上海县城的工程匆匆上马,受诸多因素限制,建筑粗糙,也不完备。此后,上海县城屡经修筑。嘉靖三十六年(1557年),松江府同知罗拱辰防海于此,陆续增筑:在四大门益以敌楼三楹,沿城益以箭台二千,环城壕益以土墙,在要害处益以高台层楼凡三,分别为万军台、制胜台、镇武台。如此,东南沿海的一座县城有了一定的规模,"东南雉堞嵬峨,实称万世金汤之险"。① 几经修葺,上海县城愈见整齐森严,它是明中叶以后几个世纪上海县的政治、经济、文化的中心,并一直保存到近代。

① [明]范濂:《云间据目抄》卷五"记土木"。

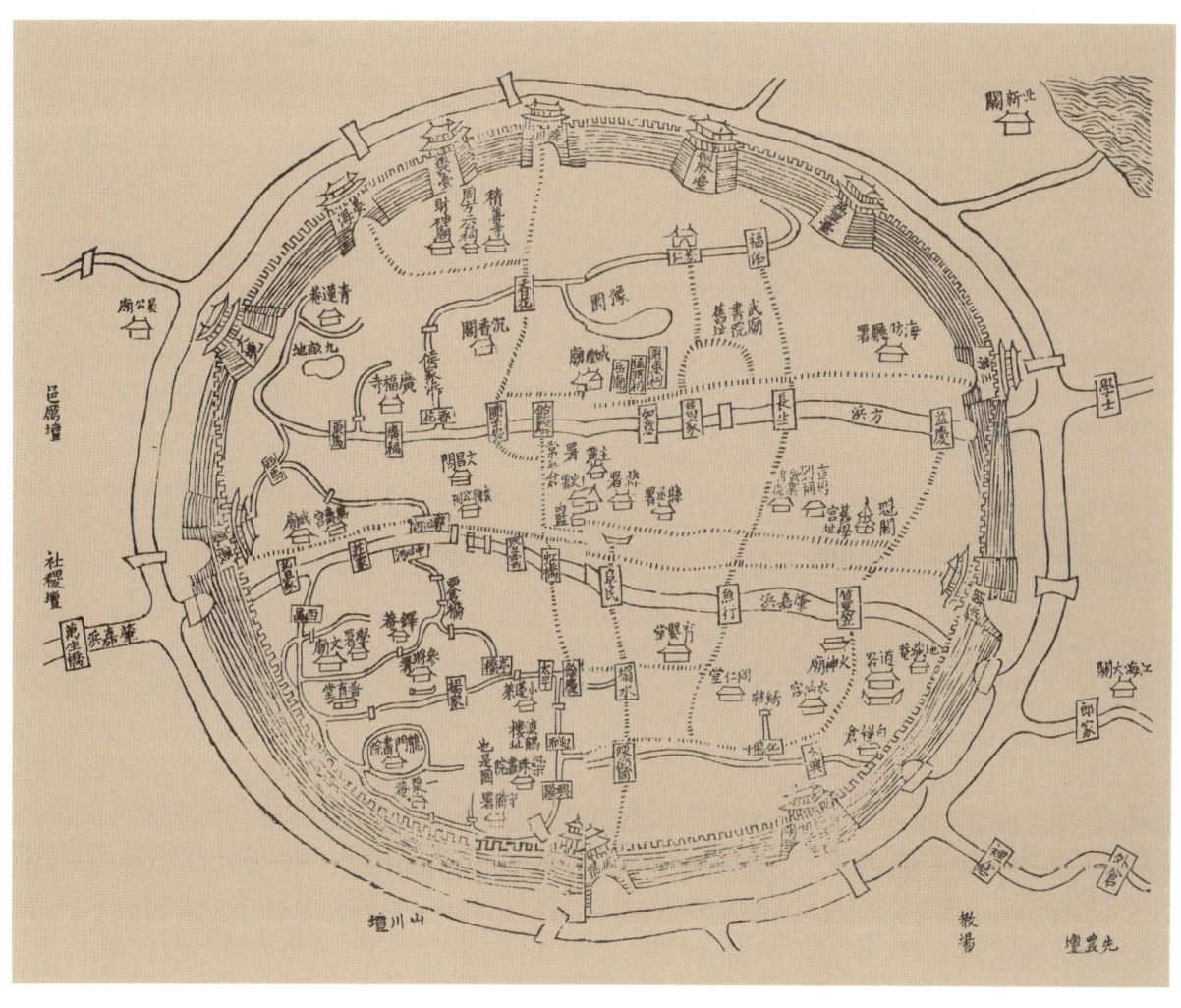

· 图 2-4，上海县城图

作为上海县城的南翼，城南紧靠黄浦江，地势广阔，在军事、交通等方面所具有的战略地位也逐渐显现。

二、黄浦江与城南的变迁

城南一带自然生态的变化，与黄浦江的变迁也有着密切的关系。

黄浦江，原是夹于吴淞江、东江之间的一条普通河浦，其名称出现

① 见《宋会要辑稿》之"食货八"。

② [元]陈椿所撰《熬波图序》。

也晚，约至宋代始有其名。《宋会要辑稿》记载："（华亭）县东北又有北俞塘、黄浦塘、蟠龙塘，通接吴松（淞）大江，皆泄里河水涝。"① 这里称"黄浦塘"。黄浦与吴淞江相通，阔仅一矢之力，因为河道狭小，水量不大。后由于这一带水系发生变化，流入杭州湾的东江散乱支离，吴淞江则是屡疏屡淤，使夹于其间的黄浦水量日增，河道逐渐阔大。到了元末明初，黄浦才频频见诸史籍。元代人提到："浙之西华亭东百里实为下砂滨大海，枕黄浦，距大塘，襟带吴松（淞）、扬子二江。"② 黄浦的壮大，也有人为因素，这就与明初的治水活动直接相关。

永乐元年（1403年），江南大水弥漫，吴淞江入海处百余里，沙泥充斥，芦苇丛生，渐成平陆。整治这一带河道已到了刻不容缓的地步。朝廷派户部尚书夏原吉迅速赶赴江南治水。夏原吉这次治水的重点，除导吴淞江之水北达刘家港之外，在上海，夏原吉还主持了范家浜等工程。范家浜位于上海县治东北，夏原吉发动大量民工，开凿范家浜，使之通海引流，直接黄浦，阔三十余丈。于是，形成了一条以黄浦—范家浜—南跄浦所组成的"新黄浦"、"大黄浦"，实现了吴淞江与黄浦的合流。从此，吴淞江汇入于黄浦。

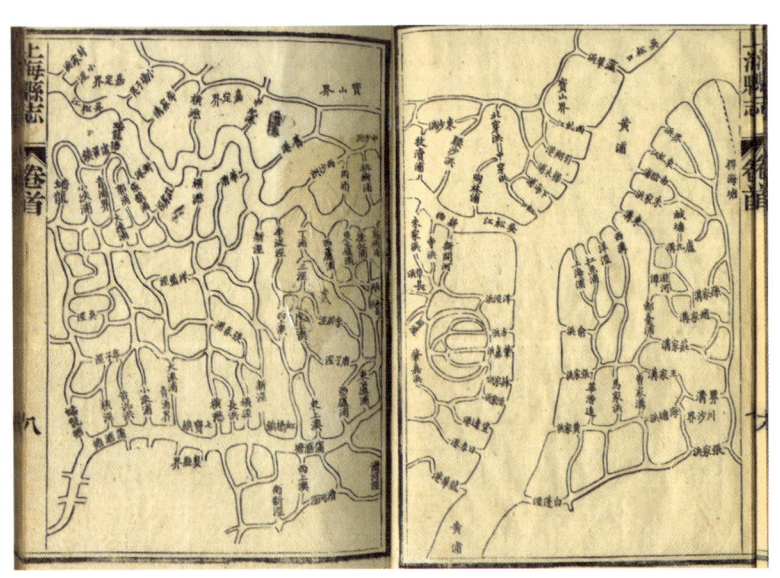

· 图2-5，清同治《上海县志》，城南河流

黄浦汇纳诸流，水势大增，滚滚东流入海，故《明史》记载中有"大黄浦"之称，偶尔也名其为江："比来纵浦横塘，多堙不治，惟黄浦、刘河二江颇通。"① 黄浦江到了明代已成滔滔之势，成为上海地区的主干河道。

① 《明史》卷八八"河渠六"。

大黄浦的出现，使得这一带整个河流格局发生重要变化，对沿岸地区的社会经济发展也逐渐产生影响。

与此同时，上海城墙的修筑，对这一带河流也带来较大影响，部分河流因此阻隔，或由此改道，如薛家浜，在肇嘉浜南，引黄浦水，自东南经县治而西，"因筑城而断塞，水无蓄洩，集聚秽浊，民多疫疠"。② 城墙的修筑甚至影响到县城居民的饮水。方浜，在肇嘉浜北，由小东门水关入，经城隍庙广福寺而西，"因筑城断塞，其两岸多为居民所侵，今存一衣带矣"。③ 侯家浜，"在方浜北，旧从大浦入，因筑城断塞，两岸亦多侵占"，④其河道功能日渐丧失。可见，筑城的后果是多方面的，不能只看到一面，而忽视另外的方面。

② [明]万历《上海县志》卷二"诸水"。

③ [明]万历《上海县志》卷二"诸水"。

④ [明]万历《上海县志》卷二"诸水"。

位于城南的肇嘉浜，逐渐成为境内的主干河道。

肇嘉浜，在城南，由东向西，横贯县城，东引黄浦之水，从朝宗门水关入城，经仪凤门水关出城，流经万胜桥，西出闸桥，经过罗家湾、陈泾庙，南折而入于蒲汇塘，蜿蜒二十里。"由东水关贯城而西，分流支港，蓄泄赖之。"⑤ 肇嘉浜是保障县城供给的重要通道，"肇嘉浜旧运官粮，赴府程由蒲汇塘；两处河工通县派，详经免役究何方。"⑥ 在一位名叫曹一士的上海籍官员所呈《开肇嘉浜议略》中，特别提到："城河尤居民血脉，所系可资灌汲，可免火灾，所关甚巨。"⑦ 曹氏还称之为"上海第一要河"。⑧ 之所以把肇嘉浜作为第一要河，主要基于几个因素：首先，因为它是沟通上海县城与松江府城的水上要道；其次，肇嘉浜两旁支港甚多，开浚肇嘉浜在农田灌溉方面公私均利，意义重大。为了保持这一河道的畅通，明清时期曾多次疏浚肇嘉浜。

⑤ [明]万历《上海县志》卷二"诸水"。

⑥ [清]秦荣光：《上海县竹枝词》。

⑦ [清]唐锡瑞辑：《二十六保志》卷四"杂记"。

⑧ [清]嘉庆《上海县志》卷三"古今治水议略"。

当时的肇嘉浜沿岸，树木茂密，景色宜人。仲春三月，桃红柳绿，春意盎然。入秋，登高而望，四周景物尽在一览之中，篱落村墟，民居错落，炊烟袅袅，大小河道帆樯出没，一无掩蔽。

城南居黄浦湾之中，有多条河流与黄浦江相通。在 1902 年（壬寅年）"上海通商内外舆图"中，在"城南"区域中仍清晰标注望道港、陆家浜等多条河流。望道港是一条较宽的河流，近代的内地自来水公司就设在望道港口的西边，望道港上有"望道桥"。往西，流经高昌庙镇，也有一条河流，该河道入黄浦江口有江边码头，为著名江南机器制造总局的货物集散提供了便利。望道港东边，依次有陈家港、陆家浜等。陆家浜在南城外，东起南仓渡，西接肇嘉浜。

周边地区还有东芦蒲、西芦蒲、周泾、南长浜等河流。大大小小的河浜湖荡，彼此交织，宛如水网。

独特的地理优势，也使城南成为水路上的要道，连通着上海县城与江南内地。明清一些士商出于行路经商方便，编写了各种水陆路程、士商类要之类的书籍，其中提到江南至上海县城的多条水路。成书于明代隆庆年间（1567—1572 年）的《一统路程图记》，卷七记述了一条苏州府由嘉兴府至上海县的水陆线路：

本府（苏州），五十里吴江县，四十里平望驿，三十里王江泾，三十里嘉兴府，十里东栅口（南六十里至平湖县），东三里七里桥，廿四里嘉善县（即魏塘），六里张泾汇（有窑），十二里风泾（枫泾），十八里泖桥（一座五洞），九里朱泾，十三里斜塘桥（二座六洞），十四里松江府跨塘桥，三十里泗泾，廿里七宝（陆路，三十里头口，至上海水），廿四里龙华寺塔（即黄浦），十二里上海县（此为外河）。①

这条水路途经苏州、嘉兴、松江三府的不少市镇，最后经外河来到上海县城。

明代天启年间（1621—1627 年）刻印的《士商类要》也记载了各地的水陆路程，其中一条由杭州经长安至上海县的水路：

钱塘江口，十五里至回回坟（上夜航船），十里东新桥，五里沈塘湾，四十五里龙平山，三十五里长安坝（换船），二十里至崇德县，二十里石门，二十里皂林，二十里斗门，二十里嘉兴府，十里东栅口（南六十里至平湖县），东三里七里桥，廿四里嘉善县，六里张泾汇，十二里风泾（枫

① [明] 黄汴：《一统路程图记》卷七"江南水路"，明隆庆年间刊印。

泾），十八里泖桥，九里朱泾，十二里斜塘桥，十五里松江府，三十里泗泾，二十里七宝，二十四里黄浦，十二里上海县。①

从杭州这条水路过来，到嘉兴府后再去上海，所走路线与《一统路程图记》所记述的那一段基本相同。

① [明]程春宇选辑《士商类要》卷一"杭州由长安至上海县水路"，明天启年间刻印。

· 图 2-6，上海县城西门外一带的河流，船只往来的景象

在兵防上，城南的地位也日益重要。城南地处黄浦之咽喉，是防护县城之要隘。明嘉靖甲寅（1554 年），在上海设海防道，以佥事董邦政领之，募战兵 3000 名备倭。嘉靖丁巳（1557 年），改海防道为海防同知，存兵 1200 名。② 部分兵力分布在城南。随着海上形势的变化，倭寇威胁减除，驻军裁减。但上海襟江带海，盐盗出没无常，绕城周围要害处，仍需设兵防守。其中，水兵分两翼，"上巡龙华港，下巡东沟口，以防外警"。③ 城南一带的哨所，在其中起到策应作用。

② [明]万历《上海县志》卷五"兵衞"。

③ [明]万历《上海县志》卷五"兵衞"。

清初，实行严厉的"海禁"政策，由吴淞口而入，黄浦江两岸随处可见土墩土墙，并筑寨台堞楼，严密设防。海禁严切，片帆不得下海，沿海一片萧然。上海县城与江南各地的联系，主要依赖内地河道。在城南，建炮台，设兵营。到了近代，城南一带的军事地位更加突出，清同治四年（1865 年），即太平天国运动失败的第二年，清廷批准在上海虹口开办江南机器制造总局。次年，从虹口迁往城南高昌庙，购沿江地 70 余亩，后又购地扩充。自同治六年（1867年）四月起，陆续搬迁，大兴土木，分建各厂及其附属设施。一座规模庞大的军工企业在城南崛起。如此重要的军工企业设在城南，意味着谁夺取了这里的军工企业，谁就拥有了庞大的军火资源，由此赋予了城南在军事上的重要性。自江南制造局建局起，局内外就布设了各种武装，除巡防保甲局、局南防戍所外，还有炮队营、沪军巡防营、巡防水师五营等。在城南，沿黄浦江筑西炮台，并辟试枪炮靶场，派遣重兵把守，附近有校场。民国初年，陆军六十一团驻守制造局的西北，不久又有陆军步兵团、海军警卫队、步兵第七旅相继进驻制造局。自清末以来，这里成为重要军事机关的所在地，海军提督公署、上海镇守使署、海军司令部等相继设于制造局内。

三、城南的商业与市集

在上海县的乡保分布上，城南属高昌乡的二十四保、二十五保。先看二十五保，下统十六图，分别是：

一图老闸北，二图老闸南，三图军工厂，四图晏公庙头，五图城隍庙，六图侯家浜，七图小东门，八图大东门，九图西门外，十图西门内，十一图大小南门，十二图陆家浜，十三图斜桥头，十四图五里桥头，十五图草堂头，十六图大东门内。①

兼跨二十五保的十四图、十五图等。部分地块，则属二十四保。二十四保领图四十一，其中方十二图在"浦西陆家浜南"，②属于城南区域。此可参见图1-4，上海县城内外图、图1-5清嘉庆十九年（1814年）《上海县志》所附"乡保区畧图"。

这一格局一直保持到近代，1933年刊印的《沪南区地籍图》中详细标注了城南来字圩、往字圩所在的图、保状况。

---

① [清]嘉庆《上海县志》卷一"乡保"。这一格局一直保持下来，对照同治《上海县志》卷一"乡保"记载，内容基本相同。

② [清]嘉庆《上海县志》卷一"乡保"。

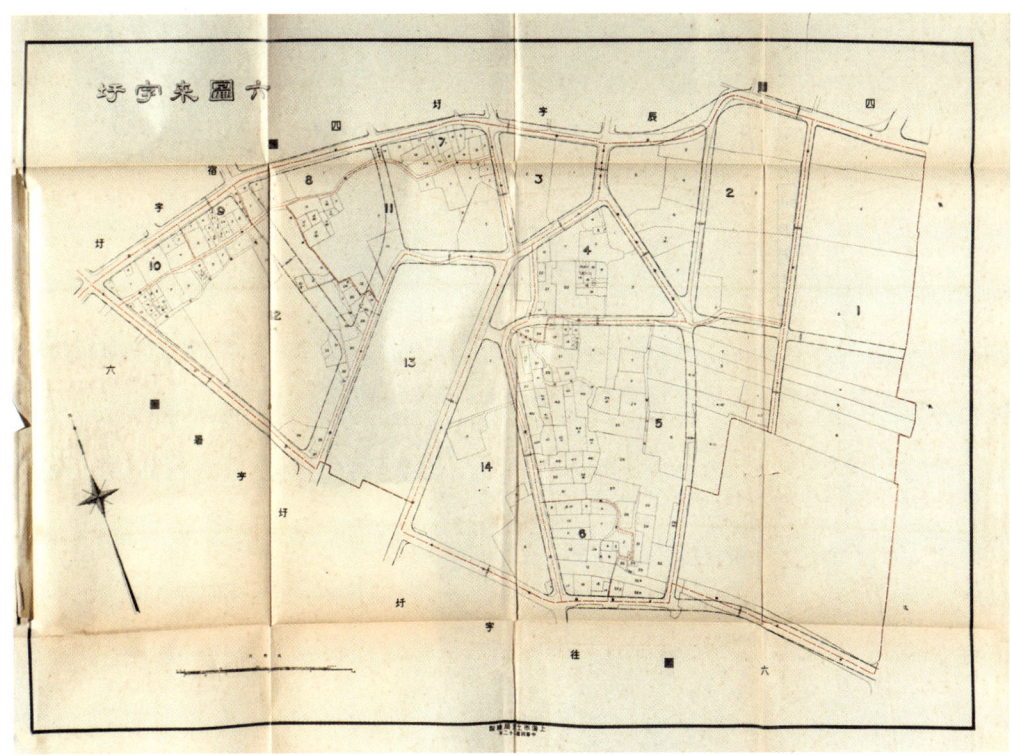

· 图 2-7A,《沪南区地籍图》,六图来字圩,1933 年刊印

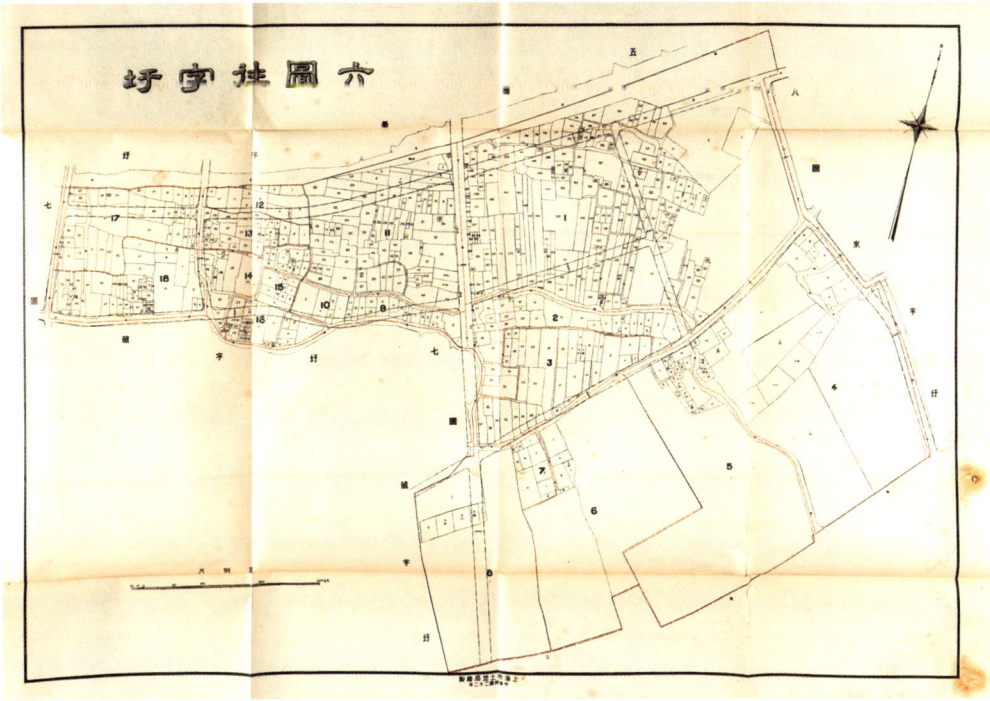

· 图 2-7B,《沪南区地籍图》,六图往字圩,1933 年刊印

借助于明清时期土地契约文书及近代地籍档案，我们清晰地看到了上海城南一带的保、图、圩的具体分布，以及一个个充满江南乡土气息的老地名。

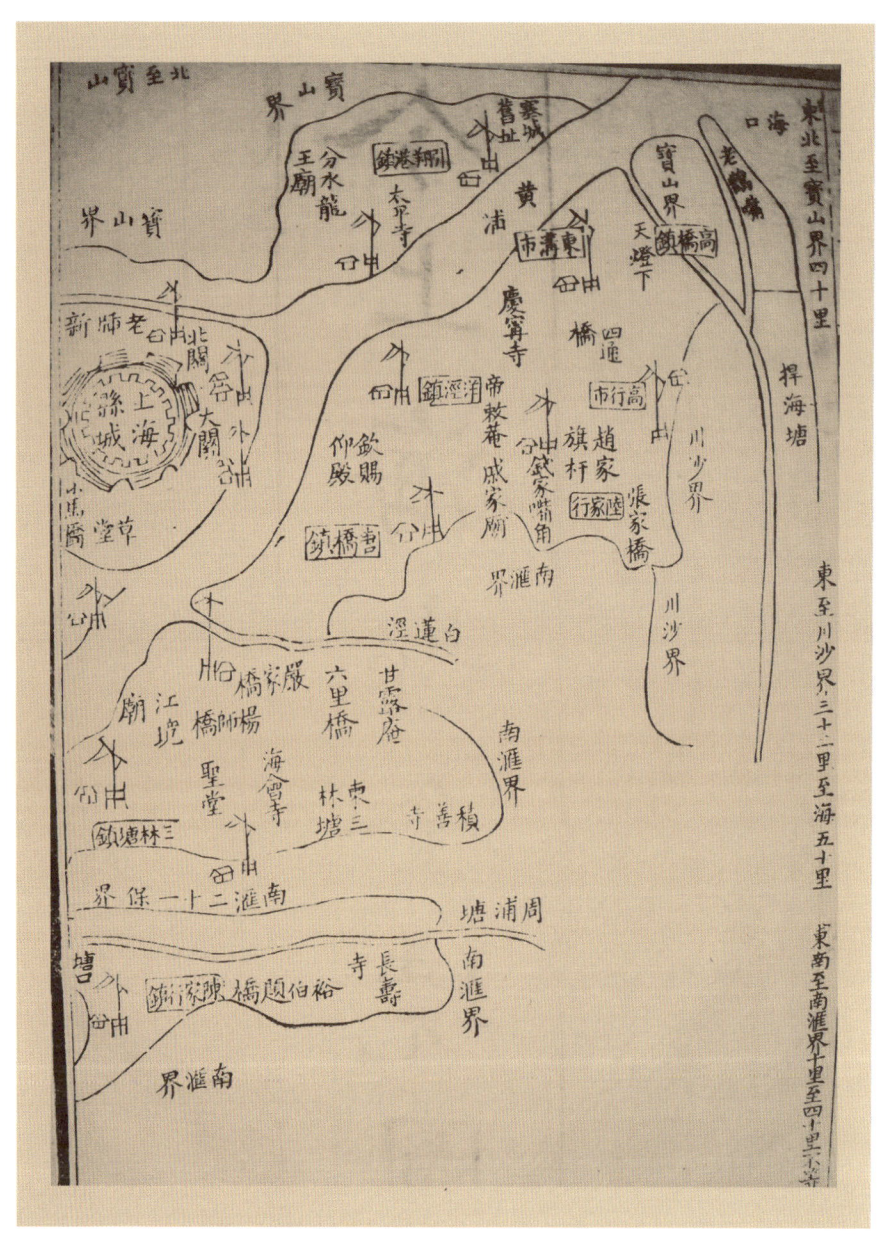

· 图2-8，清同治《上海县志》所附"上海县全境图"局部图

诸水环绕村落，因河建桥，民居皆傍水而立。一村之中，同姓者至数家，或至数十家，所以，有以姓氏名其村宅者。这些姓氏从不同时期，出自不同的目的、背景，迁居于此，生长兹土，占野分圃，散为村墟，家给人足，鸡犬相闻。他们是这里的原住户、老居民。

这一带临浦傍河，地势开阔，毗邻县城，交通便利，加之民风淳朴，物产丰饶，古迹也多。古村、古桥、茅屋、宗祠，散落于各处。在清代前期修纂的几种县志中，经常提到城南草堂等几处景观。

幽静的南溪草堂，位于黄浦江畔，肇嘉浜之南。清代有首竹枝词中写道："顾氏南溪一草堂，玉泓馆筑草堂旁；至今子姓还居此，桥影人声对夕阳。"① 草堂系明代顾英所筑。顾英，字孟育，号草堂，为明天顺三年（1459年）举人，官至广南府知府。顾英致仕归，筑南溪草堂，赋诗娱乐，悠然自得。张悦有诗云：

一室幽然荫碧萝，半层东枕白鸥波。
窗涵水影摇书幌，门过潮声杂棹歌。
淇簟凉分秋气早，湘帘晴卷夕阳多。
不知何处知音客，长为携琴载酒过。

思绪悠悠，其景其境，令人回味。顾英曾出田十余顷设义庄，赡养族人。后来，顾英玄孙顾九锡重又修葺草堂。围绕南溪草堂，顾氏又陆续置田，后代数十家居此，旁有草堂桥。

浦淑潆洄，古树葱郁，吸引了本地的一些大族世家前来置产，城内也有人选择在这里建墓地。墓园又往往与宗祠联在一起，墓地的周边，分布着不少族田，有的设立义庄，有的建有祠堂。祭先敬祖，世代守护。

在传统时代，与百姓生计、村落经济发展关系密切的还是水路河道。物品运送、商品流通，主要利用水上航路，依赖舟楫往来。临浦傍河，因水成衢，于是，设渡口，建桥梁。沿黄浦边，城南有南仓渡、高昌渡、草庵渡等渡口，有几处官渡为明嘉靖时郑洛书任上海知县所设，以便于民之往来。②

境内河道交叉，一些桥梁横跨其上，有木桥，有石桥，形制各异，船

① ［清］秦荣光：《上海县竹枝词》。

② ［明］万历《上海县志》卷五"津梁"。

只穿梭往来。在津渡、桥梁的附近，最容易形成贸易点。城西南的五里桥、斜桥等，即因处水路要道，人员走集，而逐渐形成市集。

五里桥，因距县城西水关五里，所筑之桥由此得名，为上海县城西去松江府的交通孔要。五里桥与三里桥、草堂桥一样，均建于明嘉靖年间，出资人为顾从礼。顾从礼，何许人也？他就是南溪草堂主人顾英的曾孙，也是官至光禄寺少卿，在倭乱时首议筑上海县城，并慷慨出粟四千石捐筑小南门的那位著名官绅。五里桥后演变为一地名，多条河流横贯其间，成为一些物品的集散地。

斜桥，肇嘉浜东来，由西门入贯上海县城，河道转折处有一小桥，东南—西北向，因斜跨河上习称斜桥，南北往来，商贩集聚，在斜桥的周边设商铺、小摊，日渐成为西门外的一处水陆要津。斜桥，初为木桥，明万历年间朱家法改建成石桥。说到朱家，与斜桥关系密切。朱家法的曾祖父朱曜、祖父朱豹、父亲朱察卿，均葬于斜桥，朱曜曾任清江提举，朱豹官至福州知府，朱家法自己后为工部员外郎。令人惊叹的是，朱豹与朱家法为祖孙进士，分别于正德十二年（1517年）、万历二十年（1592年）中进士。明代，斜桥的这支朱姓，一门共出了三名进士，还有一位进士叫朱长世，乃朱豹曾孙，天启二年（1622年）进士。朱家后代又多次捐资重修斜桥。

一些市集因周边庙宇而兴，典型的如高昌庙，原在上海县城南门外、黄浦之滨，据明万历《上海县志》记载："有新、旧两所，新在城南陈家桥，旧在新庙南二里，皆滨浦。"① 明时为朱、陈、张三姓乐助。清雍正间，曹炳曾重修。庙宇周边虽有一定的人员聚集，但流动性较强，所以长期以来并未形成镇市。清同治年间，江南机器制造总局自虹口迁来，环周居民日增，商业发展，渐成高昌庙市，继而成镇，但那已是近代了。

这些市集主要分布在上海县城西南部，由于毗邻县城，不易发展为镇市，西南片具有较大规模的镇要数龙华镇，在二十六保十并十三图，距县城十四里，以龙华古刹得名。②

再看县城的东南隅。清康熙二十二年（1683年），随着清政府收复台湾，

① [明]万历《上海县志》卷五"寺观"。

② [清]嘉庆《上海县志》卷一"镇市"。

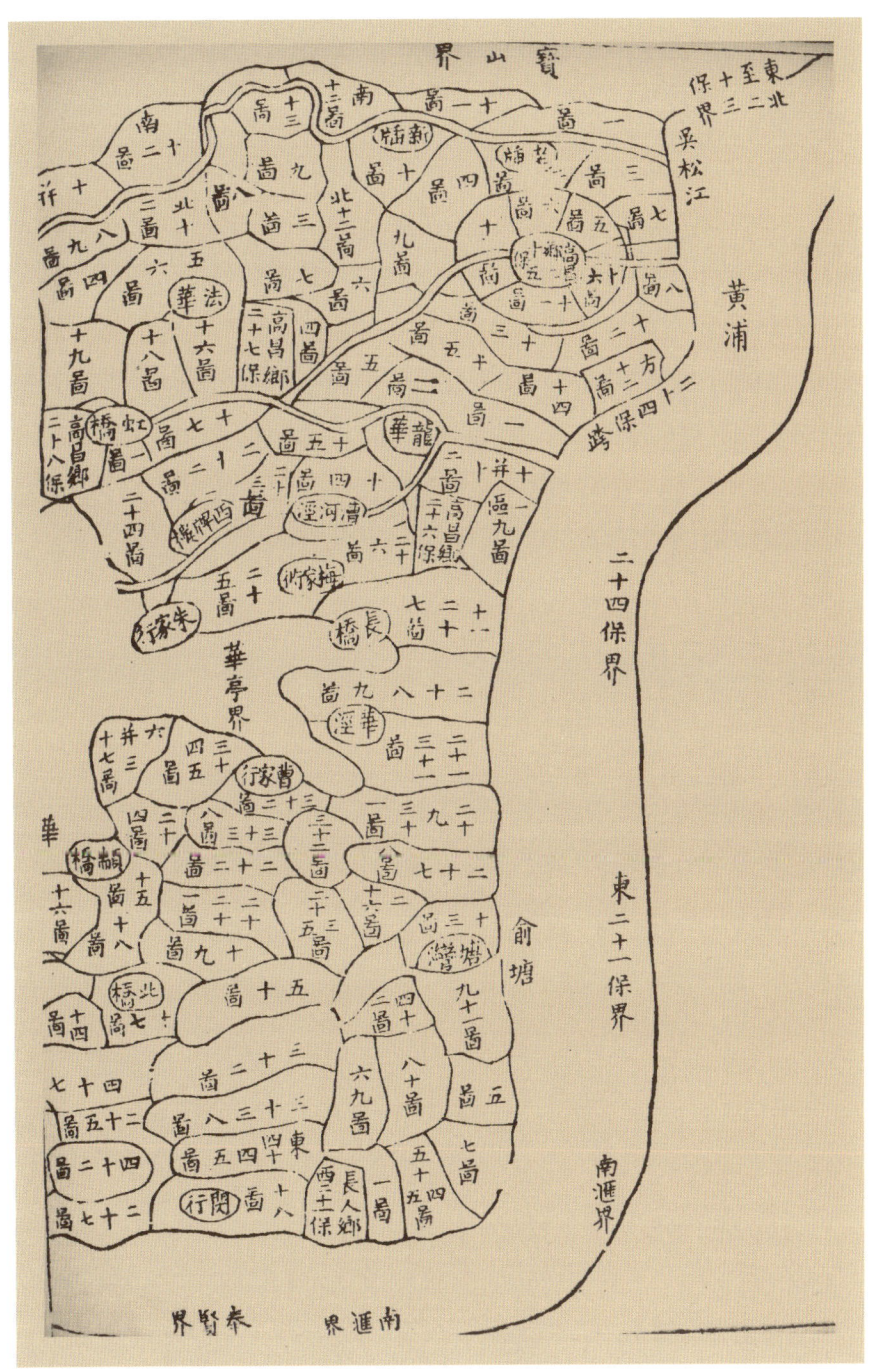

图 2-9，清同治《上海县志》"上海县浦西乡保区图"

① 嘉庆十九年（1814年）陈文述为上海县志所撰之序："上海，为华亭所分县，大海滨其东，吴淞绕其北，黄浦环其西南，闽广辽沈之货，鳞萃羽集，远及西洋暹罗之舟，岁亦间至，地大物博，号称繁剧，诚江海通津，东南之都会也。"

② [清] 张春华：《沪城岁事衢歌》。

③ [清] 同治《上海县志》卷八"物产"。

始开海禁，上海港口重新活跃起来。至乾嘉年间，上海逐渐享有"江海通津、东南都会"之誉。① 但那时上海的繁荣主要集中在县城东南靠近黄浦江边，"城东南隅人烟稠密，几于无隙地"。② 城郭东南隅，每年八、九月份，这里比户列肆，捆载通海，"市往莱阳者为子花，售洋商及闽广、汉阳、关东诸口者皆棉花，岁不下数万"。③ 因近港口，慢慢形成了一个较大的棉花、棉布交易市场。这一带是当时上海最为繁盛的地方。沙船的号子都集中于此，各地运载的南北货物也在这里集散，行号、店铺林立。商业的发展，引起了上海县城格局的变化。一些街巷已逾出城墙，像如意街，即在大东门外，其周围的豆市街、花衣街等，热闹非凡，其外又有滨浦大街。这时上海县城内外，各街也多有拓展，有的延伸到了城南。

在推动上海港口商贸发展中，有不少是来自南方的浙闽粤商人。

· 图2-10，上海县城周围

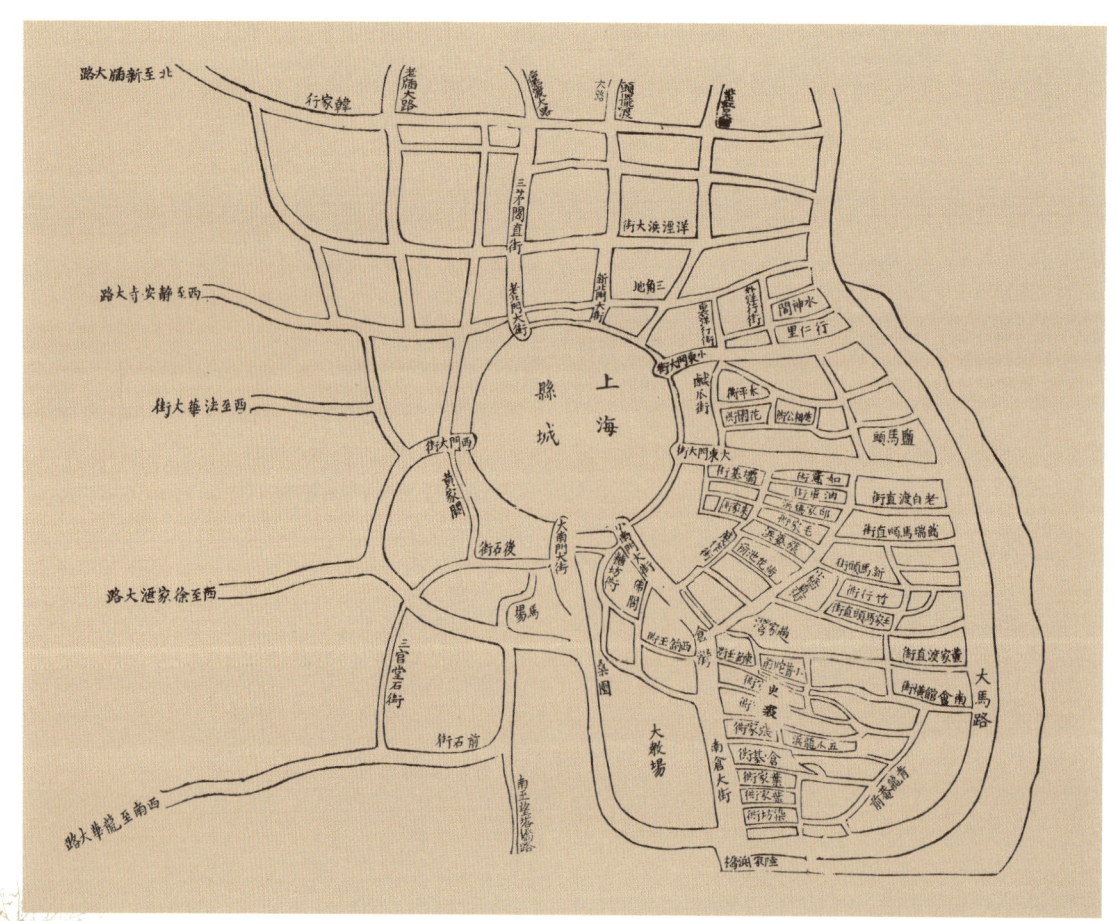

浙人素以经商见长，而宁、绍两府之民更因襟山带海，地狭民稠，长期以来一直有出外经商谋生的习惯与传统。与上海近在咫尺，宁、绍人捷足先登，早早来到上海开铺设店，他们带来一些咸鱼、干果、笋干、火腿，但更多的是从事区域间转输贸易，买进卖出，从中谋取利润。

"商贾造舟置货，由福建厦门开船，顺风十余日，即至天津，上而关东，下而胶州、上海、乍浦、宁波，皆闽广商船贸易之地，来往岁以为常。"① 广东、福建沿海之民，有着悠久的经商历史。他们扬帆北上，很早就已来到上海。乾隆五十三年（1788年），江南海关立"商船完纳税银折合制钱定价告示碑"，发福建会馆勒石，要求闽、广商人等知悉："嗣后尔等进口商船，应完货税，将钱交牙易银代缴。除免加一之外，七折税银，每两给足钱七百二十文；五折税银，每两给足钱六百十三文；画一办理。"② 乾隆《上洋竹枝词》曾提到闽广船只从那里贩运至上海的物产："东门一带烟波阔，无数樯桅闽广船"，"近日上洋风俗改，市人尽效嚼槟榔"。1843年上海开埠之前，就有大量关于闽粤商人在上海活动的记载。上海的粤商，潮州人多势众，所谓潮州八邑，指潮阳、惠来、海阳、澄海、饶平、揭阳、普宁、丰顺等县；而福建则以漳州、泉州两府商民为多，所涉之县有龙溪、同安、海澄等。

宁绍、潮州以及泉漳等地的商帮很早就意识到要在上海立足发展，必须设铺列肆，买房置地，计在久长，这就有了会馆公所之设。泉、漳两府客帮曾集会公议，捐资置买大东门外二十五保七图滨浦房屋基地，并很早就建立起他们的同乡会组织——泉漳会馆。后又在北门外二十五保五图圩地，建起泉漳北馆一所。当时泉漳商人的实力非常雄厚，购置了许多基地房屋。上海县城东门、南门外一带沿濠负郭，就是浙闽粤客商集聚之所。

这些地缘性商人组织大多兼有同乡同业的特征，业缘与乡缘相连。泉漳会馆，乃闽中泉漳两郡人所立，主要是龙溪、同安、海澄三县商人，建于乾隆年间。"吾邑人旅居异地，而居市贸易，帆海生涯，皆仰赖天后尊神显庇，俾使时时往来利益，舟顺而人安也。且吾邑人聚首一堂……心一而力同也。"① 不难看出，泉漳商人大多是船户，要做到"心一而力

① [清]蓝鼎元：《漕粮兼资海运疏》，载《清经世文编》卷四八"户政"。

② 上海博物馆图书资料室编：《上海碑刻资料选辑》，上海人民出版社1980年版，第68、69页。

① 上海博物馆图书资料室编：《上海碑刻资料选辑》，上海人民出版社1980年版，第235、236页。

② 上海博物馆图书资料室编：《上海碑刻资料选辑》，上海人民出版社1980年版，第244页。

③ 上海博物馆图书资料室编：《上海碑刻资料选辑》，上海人民出版社1980年版，第359页。

同也"，首先需对各自的商业行为作出一定规范，并在商贸上要互通声气，"凡所托足之处，类皆建有会馆，所以联商情而敦梓谊"。② 可见，其建会馆之目的，联商情与敦梓谊是统一的。这种会馆更多的作用，为商人服务，具有行会的性质。

这里特别要提及城南的三山会馆。在一份"沪南果桔三山会馆碑记"中，详细记载了城南三山公所（会馆）的演变：③

沪南之有三山公所，昉于同治初；乡人林克楷、王必麟、黄绍丛三君，出集资典里仓桥民房为之。曰沪南者，以别于沪北也。初、旅沪闽商，立有三山公所，沪北沪南诸业，其祀神、合乐、义举、公约皆集焉。运果桔者渐盛，公所隘不能容，乃谋别葺，粗构果桔三山公所，而沪南之会馆，已于此基之也。光绪季年，里仓桥房主赎归原地，我商人复购沪军营火车站地，为宫祀湄州天后，工瘗纪逮。宣统元年，议抽储货钱，阅数载、得数万余缗。鸠工庀材，廓旧基新之。自辛亥孟夏，迄丙辰季冬，凡五年余而功告成。神座南面，剧台北向，东西楼相对峙，余地分筑室宇，宜具者悉具。是役也，营输材木，恃在闽同业诸君，督匠经营，则黄君基端、黄君文周之力为多。庆灵禋之不祧，喜旅人之同德，备书始末，以志不朽云。三山何振岱撰文。黄异书丹。

民国丙辰五年　月　日
董事　张允琳　黄永灼　王廷藩　江一南　黄基端
　　　张志湖　黄文桢　连登南　洪凌荫　黄文周

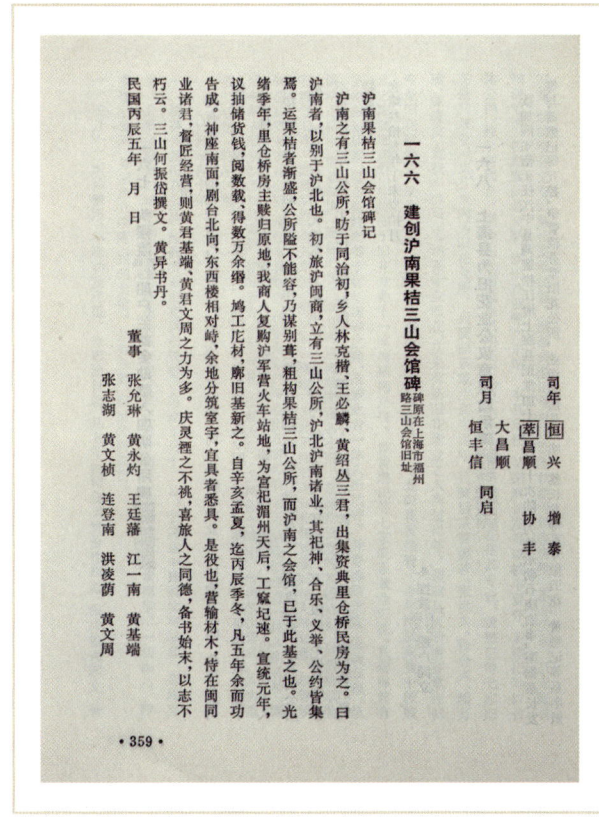

图 2-11，沪南果桔三山会馆碑记，选自上海博物馆图书资料室编：《上海碑刻资料选辑》

"三山"，系福建福州的别称，以旧福州城内东有九仙山、西有闽山、北有越王山得名。福建商人很早就在上海建立三山公所，光绪末年又在城南半淞园路购地建房，从 1911 年兴建，到 1916 年冬，历时五年余而竣工。

三山会馆见证了福建商人在上海的经营情况，从贩运各种土特产到转运木材等，从行商到坐贾，闽商势力由小而大，参与了诸多社会经济活动。"两洋海味及闽糖，枣栗瓜桃聚远方"；"杏仁荔子并瓜瓢，龙眼鸡头赤白糖。杂货岂徒南与北，关山闽广及重洋"① 都记录了闽商的足迹。清代以来，上海的三山会馆屡经变迁，历经沧桑。三山会馆是目前上海保存较好的会馆建筑，同时又"系 1927 年 3 月上海工人第三次武装起义南市区指挥部，尚较完整，可以开辟为陈列馆。展出有关三次武装起义的史料和文物"。② 作为上海工人第三次武装起义沪南总部，三山会馆早在

① 颐安主人：《沪江商业市景词》卷三"南北杂货行"，顾炳权：《上海洋场竹枝词》，上海书店出版社 1996 年版，第 138 页。

② 详见上海市文物保管委员会 (79) 沪保办字第 136 号。

1959年5月被列为上海市文物保护单位，1980年8月重新公布。1985年，出于市政建设需要，辟通中山南路，由此影响到三山会馆的建筑。在多方协调下，后采取将位于中山南路北侧的三山会馆拆除后向南移30米，按原样重建，其中全木结构的戏台也被整体移动30米。现三山会馆位于上海市南浦大桥桥堍、中山南路1551号。

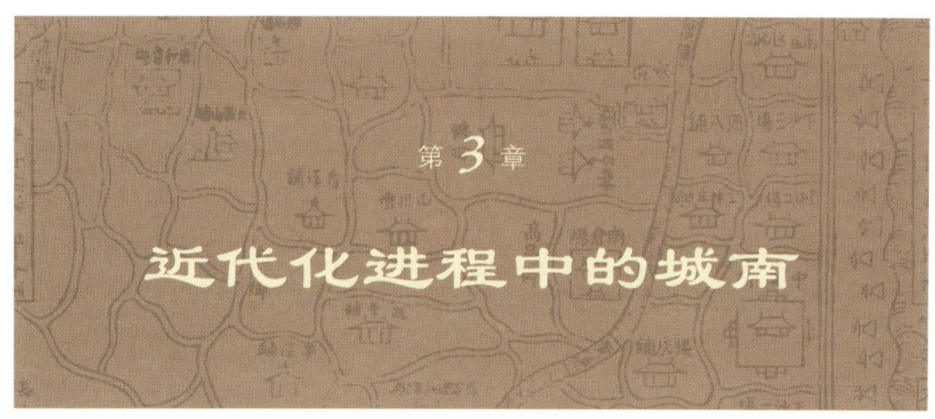

第3章 近代化进程中的城南

自上海建城以来，城南地区经过数百年的发展，已是人烟辐辏、商贾聚集的繁庶之区。到了近代，城南在兵防上的地位更加凸显，主要与江南制造总局这座著名军工企业的设立有关。清同治四年（1865年），清廷批准在上海开办江南机器制造总局。初设于虹口，于1867年夏移至城南高昌庙镇。如此重要的军工企业迁建于此，由此赋予了城南军事上的重要地位。于是，增派了大量军警，后又添置炮队营，军事地位更加凸显。这一带的地名，不少与驻军有关，如沪军营路等。随着江南制造局的设立和一些近代企业的建立，城南吸收了更多的人在这里居住。

江南制造局作为一座规模庞大的近代企业在城南滨江一带崛起，由此使这里成为近代中国工业的重要发源地。此后，求新造船厂、法国自来水厂、上海内地自来水厂、华商电器公司等近代企业陆续建立。自成为上海特别市一部分后，作为华界的城南也列入了特别市的市政规划范围。1927年上海特别市政府成立后，即拟定在江湾一带建设新市区。1929年，成立上海市中心区域建设委员会，负责制定《大上海计划》、《全市分区及交通计划》和《市中心区域计划》，上海城南一带也在规划圈内，出现了"沪南工业区"。这里临近黄浦江，黄浦江港阔地宽，具有水运优势和丰富的水资源，运输便利。码头林立，有申大码头、沈家码头、鸿昌码头、江边码头等。值得一提的是，沪杭铁路1909年建成通车，上海南站也在这一区域内，陆有火车，水有舟楫，城南的交通更加发达。

一、城南的区位优势

早期的工业布局或依托原料产地，或紧邻能源供应区，或考虑与工业产品的销售市场之间的交通运输是否便利。按照工业区位论来说，一个地区发展工业只有符合其中某一项或某几项条件方可称得上适宜的工业选址，工业布局亦趋合理。考察城南地区所拥有的区位状况，其无疑是当时上海华界一块难得的发展工业的良壤。

水道运输始终是上海工业制造发展的一个关键因素……上海市场的首要作用，多半依靠它的从属地区的水道运输网，而这张水道运输网包括半个中国。这个市场凭借它所拥有的把所需要的工业原料经由海道和内河运到所在的普遍缺乏资源的地区的力量，对各行制造工业的实业家来说，总是能够显得富有吸引人的魅力。[1]

水道运输无疑是上海工业发展的一个主导区位因素。对于城南地区而言，水道运输又何尝不是主导其工业发展的主要区位因素。

[1] [美]罗兹·墨菲著，上海社会科学院历史研究所编译：《上海——现代中国的钥匙》，上海人民出版社1986年版，第219页。

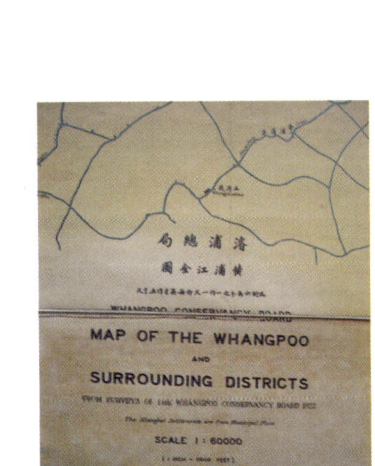

· 图3-1，浚浦总局黄浦江全图，1922年　　　　· 图3-2，浚浦总局黄浦江全图（局部），1922年

城南一带紧靠黄浦江，水运岸线绵长，十六铺沿黄浦江上溯，江边码头鳞次栉比，货栈与传统民营修理船坞作坊迤岸线而开，自上海建城以来即为水运较为发达的地区。城南地区本就具有江南水乡共有的特征——河渠纵横、水网密布，过往船只可驶入陆家浜、肇家浜等河浜直达上海县城。溯江而上则可达松江，直至浙北地区；顺江而下又可与吴淞江交汇，沟通上海境内两大水系，构建上海境内水运交通网络。而黄浦江出吴淞口即可与长江航线连为一体，沿长江而上，南方半个中国地区都在上海的辐射范围之内。

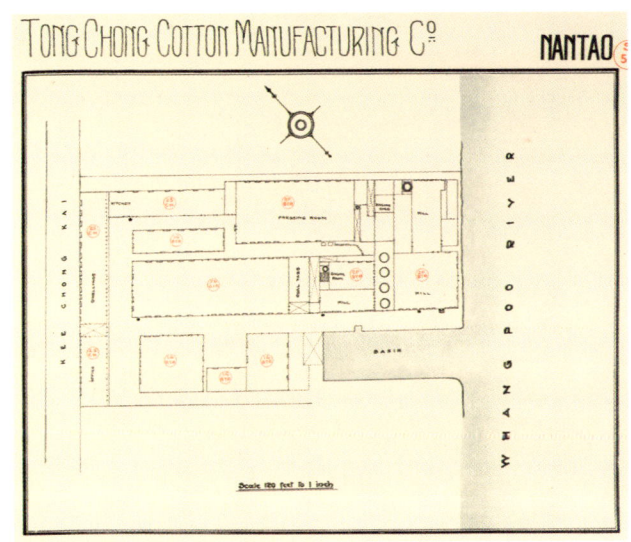

· 图3-3，WHANG-POO RIVER WHARF & GODOWN BLOCK BOOK
(《浦江码头栈房指南》，英文，上海社会科学院历史研究所图书资料室特藏)

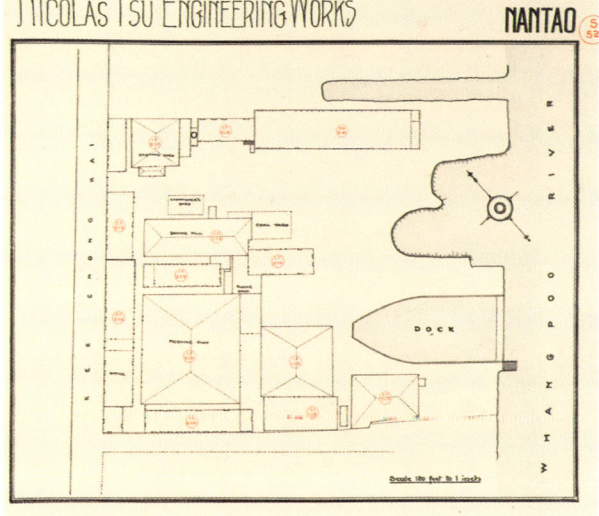

· 图3-4，WHANG-POO RIVER WHARF & GODOWN BLOCK BOOK
(《浦江码头栈房指南》，英文，上海社会科学院历史研究所图书资料室特藏)

发达的运输条件为城南地区获得工业发展所需的煤炭、钢铁等原料提供了条件。上海地区煤炭与钢铁资源是非常匮乏的，然而煤炭与钢铁又是发展工业尤其是重工业所不可或缺的原料。中国的煤矿床广泛地分布在华北、华中的广大地区，这些煤炭蕴藏量丰富的地区无一例外都远离上海。"上海从靠近海岸的开平煤矿取得它的绝大部分供应，还从海防的沿海低洼地区煤矿取得比较经常的供应，另一方面它仅仅从抚顺、安徽、山西和山东，取得内地的煤炭。"① 上海的煤炭皆由外部供应，极为依赖

① [美]罗兹·墨菲著．上海社会科学院历史研究所编译：《上海——现代中国的钥匙》，上海人民出版社1986年版，第223页．

外煤的输入。钢铁更是如此。"本国炼铁厂，以大冶、汉阳规模最大……现本市各厂所用，多为扬子（又称六河沟）、本溪湖及鞍山之铁，日本输入者亦颇多。"① 这些煤炭与钢铁资源无一例外都是借水运运入上海的。

美国学者罗兹·墨菲在谈及上海的工业与水运的关系时，认为："上海市内的工业制造与水道密切配合，仿佛用以表明它之所以存在的基本理由。工业制造一直位于城市的边缘地带……南市和吴淞的江边工业发展情况，跟黄浦江及其支流所发生的关系比跟铁路的关系更加密切。"② 在墨菲看来，水道对上海工业的发展的作用要比铁路来的实际，也更加密切，尤其是对位于黄浦江边的工业制造地区。

我国学者刘大均则认为"在各种可以促进我国工业发展之因素中，铁路当为最重要之一种"。③ 铁路运输具有运量大、速度快、调动灵活、安全可靠等特点，在人员往来、军队调动、物资转输等方面为其他水陆运输工具所无法比拟。铁路在近代上海的交通运输中占据着重要的地位，在城南地区更是如此。沪杭铁路的建成，使得城南地区交通运输条件得到极大的改善。

沪杭铁路全称沪杭甬铁路，是贯穿上海、杭州、宁波地区的一条区际交通大动脉。1909年9月，沪杭全线通车营业，自上海南站起，经松江、嘉兴、杭州至闸口，为单轨，设车站25个。④ 1916年，上海又修建了北站至新龙华的联络线，长16.6公里，自此，沪宁、沪杭两大干线衔接起来。该年12月4日，沪杭铁路新龙华站至上海北站接轨通车。

铁路经常与水路联运，更为城南工业的发展提供了便捷的交通运输支撑。沪杭甬接轨铁路北在台子港，接沪宁铁路，迤西过梵王渡，有站名梵王渡站。转东南过李漎泾，达唐子泾，有站名徐家汇站。迤东过肇嘉浜，转南过龙华港、漕河泾港，达犁角尖，有站名新龙华站。从上海南站而来五公里则为龙华站，至新龙华站与上海北站开行之车衔接。抗战时期，沪杭线自新龙华至日晖港间长4.1公里的一段被称为新日支线，主要承担黄浦江的水陆联运业务。⑤

便捷的水陆运输网络，为城南取得了工业发展所必须的煤炭资源。有

---

① 上海市社会局：《上海之机制工业》，转引自机器工业史料组编：《上海民族机器工业》，中华书局1966年版，第553页。

② [美]罗兹·墨菲著，上海社会科学院历史研究所编译：《上海——现代中国的钥匙》，上海人民出版社1986年版，第227页。

③ 刘大均：《上海工业化研究》，商务印书馆1940年版，第7页。

④ 沪杭线25个站点依次为：上海南站—高昌庙—日晖港—龙华—梅家衖—莘庄—新桥—明星漕—松江—石湖荡—枫泾—嘉善—嘉兴—王店—硖石—斜桥—周王庙—长安—许村—临平—笕桥—艮山门—清泰—南星桥—闸口。

⑤ 马学强等著：《千年龙华：上海西南一个区域的变迁》，学林出版社2006年版，第89页。

了稳定的煤炭运输渠道，支撑工业发展的电力资源就有了保障，确保使用电力的成本是极为低廉的。"低廉的电力的可资利用，可以被认为是上海适合于工业制造的显著的有利条件之一。电力之所以价格低廉，因为只要在太平洋上不发生战争，无论什么时间，水道运输促使灵活而价格公道的煤炭供应成为可能。"① 刘大均也极为看重电力对工业发展的作用，认为除了"铁路与国际贸易之外"，"尚有一种重要因素可以促进我国之工业化。此为贱价电力之供给。电力与工业之关系固甚明显，毋须详述……凡在电力多而且贱之处，新式工业即多兴盛。其他地点或无电力厂，或虽有电厂，谨能供给电灯，则工业极少发展。"② 而城南地区亦不乏发电和输送电力的企业组织，江南制造局、华商电气公司即是其业界代表。江南制造局所发电力仅供制造局内部使用，是为满足企业能源需求；华商电气公司则向外输送电力，经营电气事业。

"此间气候于大多数工业皆甚相宜，原料可由国内各地及世界各国转运而来，而工业产品向国内及国外销售亦甚便利。"③ 城南地区坐拥黄浦江航线，紧邻长江航线与沿海航线，且有上海南站坐落其间，水陆运输可谓发达便利。借此运输线路，往来的不仅是原料，更有产品的输出，市场亦沿交通运输线路扩展，人口稠密的长三角地区乃至整个长江流域成为城南的经济腹地。城南地区虽居于上海一隅，而潜在市场则已遍布大半个中国，工业发展拥有无限前景。

二、近代企业分布与"沪南工业带"

1928年，南京国民政府调整上海的行政区划，城南地区被划为沪南区。沪南区当时的区域范围：东北至方浜路（今东门路）沿民国路（今人民路）接麋鹿路（方浜西路），南邻敏体尼荫路（今西藏南路）、肇周路，至斜桥转西，沿徐家汇路、肇嘉浜路（今打浦桥以西之肇嘉浜路）至徐家汇，沿漕溪北路、西溇铺（西牌楼）过龙华百步桥，沿龙华港至黄浦江。④ 沪

① [美]罗兹·墨菲著，上海社会科学院历史研究所编译：《上海——现代中国的钥匙》，上海人民出版社1986年版，第227页。

② 刘大均：《上海工业化研究》，商务印书馆1940年版，第7页。

③ 刘大均：《上海工业化研究》，商务印书馆1940年版，第9页。

④ 上海市南市区志编纂委员会编：《南市区志》，上海社会科学院出版社1997年版，第61页。

南区境相对于上海其他华界地区,地域范围比较狭小。

图3-5,《沪南区地籍图》1933年刊印

① 上海城市规划志编纂委员会编:《上海城市规划志》,上海社会科学院出版社1999年版,第70页。

② 上海城市规划志编纂委员会编:《上海城市规划志》,上海社会科学院出版社1999年版,第72页。

1930年6月11日,上海特别市市政联席会议,通过了市中心区域建设委员会编制的《上海市分区及交通计划图》,① 计划将"沪南高昌庙附近,黄浦江以北,铁路(沪杭甬铁路)以南,已有兵工厂、造船所等大规模工厂,故仍划为工业区"。② 该工业区大致位于南市,东起老白渡街,沿外马路、里马路(即中山南路)向西,然后接龙华路、斜土路向西,直到局门路,是一个沿江狭长的工业带,即《大上海计划》规划中的"沪南工业区"。城南的高昌庙附近地区成为《大上海计划》中与蕰藻浜新商港以西沿铁路工业带、真如——大场新工业区并立的上海华界三大工业区。《大上海计划》之所以将沪南高昌庙附近规划为工业区,不仅是对城南地区发展工业优良条件的考量,更为看重的是城南地区既有的工业基础。

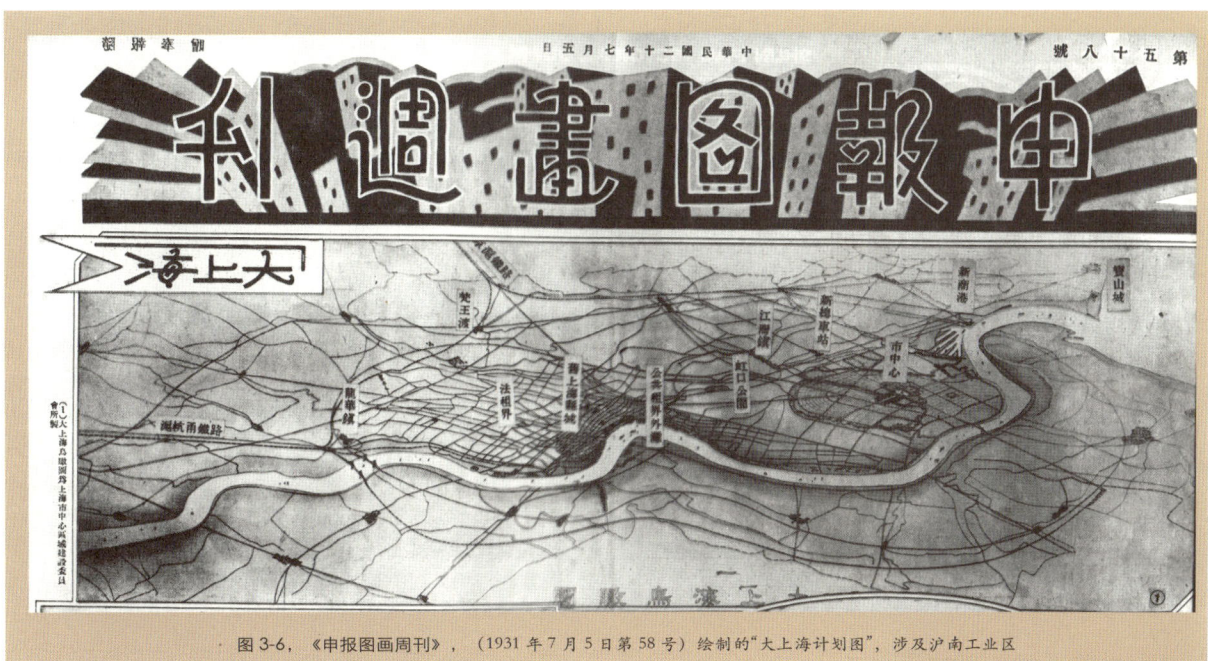

图 3-6，《申报图画周刊》，（1931 年 7 月 5 日第 58 号）绘制的"大上海计划图"，涉及沪南工业区

沪南区由城南发展而来，继承了城南地区人烟辐辏的特征，区境内人口较多，工厂林立，为当时上海华界内一片较为狭窄拥挤的区域。在这片狭窄的区域内坐落着江南制造局（后亦称江南造船厂）、求新造船厂、商办内地自来水公司、华商电气公司等著名的工业企业。

1. 江南制造局

江南制造局，全称为江南机器制造总局，又称上海机器局。同治四年（1865 年）由曾国藩、李鸿章在购买美商旗记铁厂的基础上创办江南制造局于上海虹口，而此时容闳在美国购买的一百多台机器运到上海，便由清政府拨发给江南制造局，以充实局内设备，开始大量制造军火。后以"中外杂处，诸多不便，机器日多，不能安置"，且"厂中工匠繁多，时有与洋人口角生事"的缘故，[2] 定议迁城南高昌乡。同治五年（1866 年）八月，购地七十余亩，分建各厂，同治六年（1867 年）建成机器、木工、铸铜铁、熟铁、

图 3-7，大上海建设

[1] 江南造船厂史编写组：《江南造船厂史（1865—1949）》，上海人民出版社 1975 年版，第 7 页。

[2] 江南造船厂史编写组：《江南造船厂史（1865—1949）》，上海人民出版社 1975 年版，第 7 页。

轮船、锅炉、制枪等厂以及船坞和码头。是夏江南制造局由虹口迁入新址生产，以后逐年扩充，修建办公房舍、仓库、官员公馆、洋匠住楼、工匠住房和增建厂房，到1870年厂址已扩大到400余亩。自1869年至1891年，又先后增设炮厂、炮弹厂、水雷厂、炼钢厂，尚有1874年在龙华扩建的分局，制造黑火药、栗色火药以及无烟火药和枪子。江南制造局是清政府所设最大和最重要的军工厂，被清政府视为"军需命脉"。

· 图3-8，制造局大门外，选自《江南制造总（分）局全图》

建造兵轮舰艇是江南制造局早期除生产军工产品外的另一主要业务。战舰是近代海战的主力，也是抵御外敌入侵的排头兵，拥有先进的战舰便能在海战中掌握战局。鉴于外国侵略者每每凭借其坚船利炮一次次地敲开中国大门，清政府亦明白战舰在抵御外敌中的作用。有鉴于此，清政府一面向欧洲订购大型军舰，一面也在国内试制兵轮，以构建强大的海军舰队御敌于国门之外。江南制造局除制造军械外，也承担了为清政府的水师修理和装配兵轮战舰的任务。自1868年造成"恬吉号"，至1885年，江南制造局先后为清政府海军建造了8艘兵轮并一些小型船艇。①

除生产军工产品与制造舰艇外，江南制造局也制造各类机器与应用器具。江南制造局所产机器既满足局内生产发展的需要，同时也向周边地

① 魏允恭编：《江南制造局记》卷三"制造表"，第319–424页；收录于沈云龙主编：《近代中国史料丛刊》第四十一辑，文海出版社1969年版。

区出售。远者江苏、浙江、江西,近者上海附近各地区。

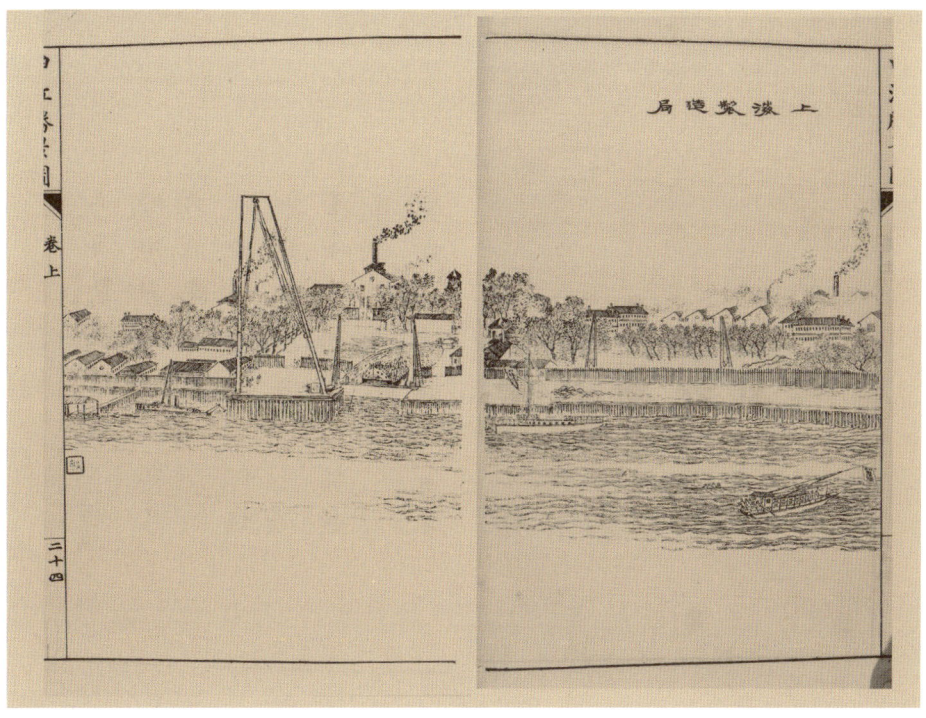

·图3-9,《申江胜景图》图片,江南制造局

局坞分家,是江南制造局早期发展历程中的一件大事。1905年两江总督周馥札饬江南制造局总办魏允恭对江南制造局进行整顿,《北洋官报》对此有详细的报道:

> 沪南制造局总办魏观察近奉江督周玉帅札饬,节冗费整顿局务。因将熟铁厂归并枪厂,铜引厂归并炮弹厂,木工厂归并修理机器厂,所有员司、工匠分别裁汰。又以炼钢厂诸多腐败,遇事朦混而尤以包工为甚,前管理该厂事务之杨季平二尹已奉札降为帮办,并记大过三次;前帮办谭子浏明府则改为差遣委员。又札委帮提调陈济南明府兼管炼钢铸铜修理机器枪炮等五厂事务……。①

① 《各省新闻:沪南制造局归并厂务》,载《北洋官报》,1905年总第736册。

局坞分家,便是此次整顿厂务的结果。船坞从江南制造局分离出来,改名江南船坞。至此,江南制造局一分为二,制造局与船坞各自发展。

清政府将江南制造局视为"军需命脉",对于江南制造局的安全自然十分重视。光绪六年(1880年)设抚标沪军营驻南门外,添募成军营;

① 《上海县续志》，卷十三"兵防"，成文出版社1970年版。

光绪七年（1881年），将局属操炮学堂改为炮队营，"有新旧两营，分驻本局附近各要地"，① 分派重兵把守。因江南制造局为东南各省军火武器输送总枢纽，故其得失事关东南各省的安危，乃至清政府的统治。及辛亥革命爆发，革命军攻下江南制造局时，《申报》上便有一篇对时局看法的评论文章。文章认为：

> 夫沪南制造局者，东南各省之总枢也。沪南制造局而入革命军之手，则东南各省之尽入革命军也可知。何则？方今战斗尽恃枪炮。东南各省之以前不能动者以革命军无枪炮，官军有制造局枪炮以接济。今革军已得制造局，则官军与革军之地位势适相反。而官军之无力抵御也必矣。且不特东南数省之官军为然也。德州之制造局，已为革命军所毁；汉阳之兵工厂，已为革命军所取。今沪南之制造局，又为革命军所得。中国能出枪炮之所，只有五处；今乃已失其三，所留只四川与广东耳。四川已在革命军包围之中。则区区广东一局，有何能力哉。是不特沪南之制造局失而东南各省之官军无军械。即中国全国之官军，尽有军械告乏之虞也。胜负之数，岂难逆料哉。②

② 无名：《江南制造局之战》，载《申报》，1911年11月5日，第二版。

无论哪一方控制了江南制造局，便掌握了控制上海乃至东南各省的命门。不特战局，即整个时局亦为之震动。江南制造局的特殊地位及对战争及时局的重要作用，是其在历次战争中成为争夺焦点的原因之所在。

· 图3-10，江南制造局军火处检查房

· 图3-11，城南炮队营营房

辛亥革命后,江南船坞改称为江南造船所。南京国民政府成立后,陈绍宽、马德骥先后担任江南造船所所长,江南造船所归海军部直接管理。自国民政府成立至抗日战争爆发,江南造船所一直扮演着国民政府海军舰艇修造基地的角色。据统计,1905年至1926年的22年中,江南造船所新造舰艇共37艘,总吨位5645吨;1927年5月至1937年7月止,江南造船所先后造舰艇85艘,总吨位14585吨。舰艇修理业务大增,其中海军舰艇修理占据非常大的比重。根据江南造船所的工作报告书统计,1927年至1933年,海军舰艇修理价格平均每年为471000元,占修理业务的32.7%。1932年江南造船所新建第三号船坞,船坞长647尺,宽100尺,沉26尺,为江南造船所最大的船坞;加上原有的两座大型船坞,坐拥三大船坞的江南造船所成为当时上海和全国最大的船坞和造船基地。

《南洋》杂志曾经登载过一篇题为《江南造船厂参观记》的文章,这篇参观记文对江南造船所内各工厂与部门都有介绍,读后对江南造船所布局亦有相当的了解。

入内门巨沟临前沟深约百尺,内无水,而一火船立其中,周身用木杠撑住,俯视沟中有数十工人往来如蚁;盖此即为修船处,巍巍中立者正在修理中之船也。

金工厂规模宏大,约七八倍于我校之金工厂,各种车床亦均巨物,为从所未见者。船上所用之引擎等,彼等亦均能制造,无须取给于外人等。

木工厂(即模型厂)与金工厂毗连然无甚可观,稍寓目,即过翻砂间。是间颇为广阔,有极大之熔钢炉一,是炉用电力熔钢,远胜用燃料也。轮船之螺旋叶(Propeller)亦由是处翻成。笨大无伦。是间并有熔铜炉等等,均为他处所难见者。

入铁工厂,觉煤烟触鼻,令人难堪,因该厂内有烧铁之煤堆数十同时起火,而绝无导煤烟除外之烟筒也。其可打铁之锤,均系自动敏捷异常,效率极大;工人之汗,亦可少流属斗矣。

……

复前行,至造船处,则一轮正半成,数十工人动工其上闻是项轮船约

① 《国文大会揭晓：江南造船厂参观记》，出自《南洋》第7卷，第10号，卷宗号：D2-0-1503-60，上海市档案馆藏。

一月即可完工。此处有两个修船之沟，然较前者为小耳。

电机机械诸厂因其工程师外出，虽曾进去一窥，但究无详细之观看。①

此时的江南造船厂部门日趋完整，拥有造船厂、修船厂、金工厂、木工模型厂、翻砂间、铁工厂及电机机械诸厂，已形成一个门类齐整的大型重工企业。由于江南造船厂积数十年发展成果，已有相当基础，加之引进先进工艺如采用电力熔炉及自动化铸铁，生产效率亦随之提高。江南造船厂已成迅猛发展之势。

· 图 3-12，江南制造局炼钢厂

· 图 3-13，近代江南制造局平地全图，上海市档案馆藏

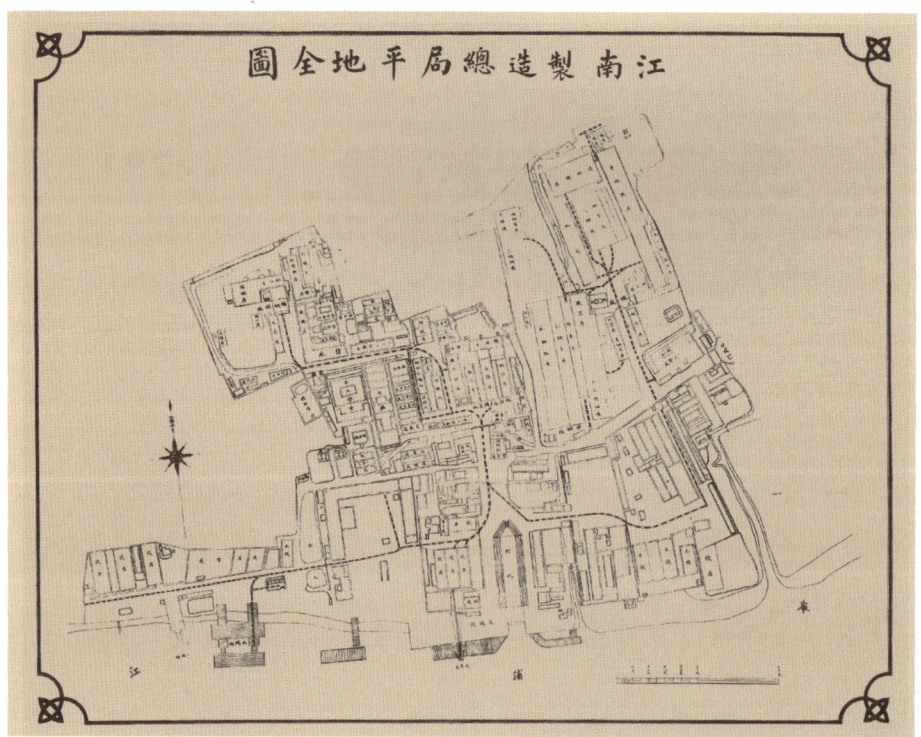

如果说江南造船厂是中国近代无可争辩的最大的国营重工业基地和轮船修造中心，那么近代中国民族资本创办的最有实力、最具影响力的民营轮船厂，则非求新制造机器轮船厂莫属。

2．求新造船厂

求新制造机器轮船厂，又称求新造船厂、求新厂（以下简称求新厂）。1904年由中国近代著名民族资本家朱志尧创办于南市机场街。"求新"，取"器惟求新"之义。创建时厂基80余亩，资本4万元，职工百余人。求新厂初设时，为资本所限，仅有组立、冶铁、熔铸、机母等工场四所。1905年正式开工后，求新厂内设备逐步得到扩充，至1909年先后添置木样锅炉、浅水船坞、锅炉工场备水汽刚剪机、重力压钻机等生产设备。从求新厂添置设备的进程来看，求新厂最初几年业务稳步发展。当然求新厂的业务之所以会发展如此之快，与创办人朱志尧亦有相当关系。

朱志尧（1863—1955年），字宠德，号开甲，祖籍江苏青浦（今属上海市），生于上海董家渡，天主教徒。儿时曾从二舅父马相伯就读于徐汇公学。历任轮船招商局买办、江南造船厂经理、大德油厂总办、法商东方汇理银行买办。除创办求新制造机器轮船厂外，后陆续创设同昌油厂、同昌纱厂、大通仁记与中国合众两大航业公司，曾投资于新诚米厂、汇西布厂、"尼各老"砖厂、安徽省涂铁矿等企业，并任华商电气公司与内地自来水厂总经理，申大面粉厂、中国图书公司、苏路公司、大通、大达轮船股份有限公司等企业董事。①

由于朱志尧与马相伯系舅甥关系，以及与其他一些旧官僚方面的联系，求新厂的政府公用事业、桥梁、车厢等工程，占了一大部分，华商水电公司及若干中小型轮船制造修配业务亦较多，外商方面业务以修配为主。虽然求新厂业务涉及面广，但其业务拓展的主攻方向，则主要在浅水轮船、火油引擎、铁路工程等三个方面。此三项业务不仅是求新厂业务中"最实获心得者"，而且亦是支撑求新厂继续发展的基石。

求新厂三大主攻业务，每项在当时都拓展得非常好，不仅在华界即便

---

① 上海通志编纂委员会编：《上海通志》第四十四卷"人物"，上海人民出版社、上海社会科学院出版社2005年版，第6646页。

在租界也获得了足够的认可。英租界工部局就曾经向求新厂订造过一只火油引擎船,而且求新厂所造飞虹渡轮模型如意引擎参加巴拿马赛会获得头等奖,给国人争得无尚荣誉,同时也给求新厂做足了产品宣传。由于求新厂为华商独资,技师与厂内职工皆为华人,完全为国人独立自主经营的品牌,故被舆论盛誉"诚为我国经营实业者所宜取法也"。①

① 《求新工厂调查记》,载《国货月报》,第3期,第9页;转引自机器工业史料组编:《上海民族机器工业》,中华书局1966年版,第281页。

· 图3-14,美国实业考察团考察求新造船厂

然而,就是这样一家极具实力的民族资本营建的近代企业,却在1918年被法国资本以"合办"的形式吞并。偌大的一家极具近代性的企业缘何会走向破产,并最终被外国资本所吞并呢?这还要从求新厂的资本供应链来探寻。

求新厂创办时资本仅4万元,所需资本多以总经理朱志尧个人在政、商界的名义作担保,进行贷款,而尤以向法国东方汇理银行贷款为多。贷款是建立在求新厂运行机制稳健,业务稳步发展的基础之上的,产品能够正常售出,资金得以按时回笼,便可及时还清所贷之款,保证再生产能够继续进行。然而第一次世界大战期间求新厂却接连遇到一系列棘手问题。

第一次世界大战爆发后,各国对钢铁需求极为旺盛,一向对外出口钢铁的美国于1917年规定不再向国外出售钢铁,而日本在中国大肆搜求钢铁,需求旺盛而供应紧缺,导致钢铁价格奇涨,以钢铁为原料的行业生产成本也随之水涨船高。第一次世界大战前夕,求新厂接朝鲜银行买办顾棣三代某盐公司定制两艘5000吨级海轮,此项业务定价约为100万两银子稍弱，本为赢利项目。讵知签下订单后第一次世界大战爆发，外国原料没有进口，国内钢铁价格暴涨，甚至出现有市无货的局面。因此求新厂只能以高价订购所需钢材，再委托江南船坞轧制钢板，如此一来，导致成本高于进口价两倍以上，仅此一项业务便亏损银50万两之巨。

更为雪上加霜的是，为应对原料危机，求新厂多方筹谋出路，却皆以失败告终。先是求新厂多次试建炼钢炉，都以爆炸而告失败，损失浩大。继而于第一次世界大战结束前夕向一英国商人丹尼斯订购价值30万两的钢板。因没有详尽具体规格，待钢板运到时，与求新厂要求大相径庭，不符合造船所用。求新厂为此与该商对簿公堂，却以合同取消，赔偿补贴英商丹尼斯20%的损失费而终。

求新厂遇到如此一连串的亏损，再加上利息的负担，实难维持。到1918年，求新厂仅积欠东方汇理银行的贷款就高达约100万两银子。东方汇理银行趁机逼债，终至无法周转，厂主朱志尧被迫将求新厂抵押出售了债。

求新厂为我国民族资本办理最为精良的事业，成绩昭著，社会影响力之大，为同时期其他民族资本企业之最。况求新厂本就为华商独资，售予外商影响过于激烈，也遭到官民一致反对。1918年的申报对此进行了详细地跟踪报道，且看申报的相关报道：

> 沈议员等提出建议，维持上海求新厂紧急动议案。动议案以财政部因该厂为我国办理最良之实业，成绩昭著，中外共知，特为担保……查该厂设在南市，并非租界，外人不得在内地置买田地，载在约章，况该地接近陆军部之兵工厂及海军部之船坞，于军事尤为关系……或售予华商，不得移转洋商之手。是否有当，仍候公决。并乞公鉴……①

① 《申报》，1918年6月27日，第十版。

> 上海总商会因接淞沪卢护军使公函，嘱为会同南市县商会维持朱开甲所创之求新厂及同昌纱、油两厂，特于昨日午后三时在会中议事厅开会。商董虞洽卿、傅筱庵、祝兰舫等10余人，暨厂主朱开甲先后到会，即由正副会长报告该厂亏累情形，并以该厂设在内地，与主权颇有关系，且朱君创办此项工商实业，固已煞费苦心，一旦放弃，大为可惜，应请

诸公维持云云。[1]

无论官方、商界抑或民间都极力反对将求新厂售予法商，求新厂的存售问题俨然成为一时各大报纸争相报道关注的热点，似乎呈现出尚可转圜之势。无奈求新厂所欠款项巨多，超百万两之巨债，官方、商界与民间皆无法承担，实属有心无力。

虽经各方奔波，求新厂还是未能避免走向破产。但在各方斡旋之下，由出售予法国游船公司，改为"中法合办"。考虑到求新厂庞大的负债额，采取合办形式是较为可行的，当然也是无奈之举。因为无论是内外交困的北洋政府，抑或是以上海总商会为代表的商界，都无力独自解决求新厂的负债问题，也没有提出完整的后续发展计划。法国资本代表魏武达所提出的合办计划内容详实，兼顾中法双方利益，并对朱志尧本人利益亦有考虑，故得到各方的认可。合同规定股份数与表决权中法双方各占一半，"中法合办"的形式，法理上中资仍占有一半的股份，并未为法国资本独占。这应该说在当时求新厂无力还债，北洋政府亦无力鼎购，华商商界无法全力支援的条件下，求新厂于无奈中比较理性而又实际的出路选择。改组后的求新厂曾于1919年8月31日，在申报上登载有关改组的股权分配与股东人员情况，其内容为：

本厂现已改组为中法合办，业于本月二十七日在法界外滩九号开全体股东成立大会，所有资本一百二十万两，业已如数收足。计中法各占其半，华股东中政府五十万两，华商十万两；法股东法商六十万两正，并经举定董事中法各半。[2]

但是这仅是具有法理效益的合同规定，实际运作情况则又是另一番情况。求新厂改组为中法合办后，法国人表面上给朱志尧留有10万两股份，计1000股，但是该项股份是向东方汇理银行借款投资的，根据约定股票一直由东方汇理银行掌握，并自1919年起，每年由朱志尧解付利息。至1928年，除还款外，尚欠本金8万元，到1930年11月8日，由巴和（Barraud）律师出面，将股份全部抵于东方汇理银行，再付现款2万元，作为了结（原股票背面注：此2万元由第三者付出，而以朱志尧让出买办职位为条件）。

[1]《申报》，1918年6月29日，第十版。

[2]《申报》，1919年8月31日，第二版。

而中国政府股份原来是向法商垫付的，至此，所谓中法合办，实全部是法国资本。[1] 法商资本利用资金运作的手法，以中法合办的形式，将求新厂收入囊中，在法理外衣的包裹下，吞并了近代中国民族资本创办的最具影响力的机器制造企业。

3. 上海内地自来水厂

上海内地自来水厂，创办于1897年，由上海邑绅曹骧等推举广东商人杨文骏、唐荣俊等经办。上海内地自来水厂的创办得到上海道台的大力支持，时任道台刘麒祥以"上海为商富荟萃之区，烟户繁密，城厢内外，河道履浚屡淤，每遇潮落水涸，偶有失慎，取水为难，施救不能得力，且水源浑浊，居民汲饮易于生病，欲求弭水患而便民饮，自来水之设，最为急务"，认为"创设自来水，所以便合邑居民食用之取携，并可收救大免疫无穷之利赖是为保卫地方且要之举"。[2] 因此刘道台严令施工期间"不准无赖棍徒，从中阻挠滋事，倘敢故违，定即拿案禀究不贷"。[3] 刘道台更以自来水厂为"保卫地方之要举，涉及利权"，故所有股权"只须中国绅商居民购买，不准外人附入"。[4] 且晓谕地方官员及各街保正，在自来水厂施工及安装龙头、铺设管道期间，随同照料。可以说自来水厂自创设之始，既已为官府所庇护。为避免与法国人创办的法商自来水厂混淆，命名为内地自来水厂，为国人创办自来水厂之始。厂址位于六图往字圩五号1坵，占地104亩5分9厘7毫。[5] 在半淞园路592号，占地面积6.2万平方米。共投资白银30万两。

[1] 前求新机器厂资本家朱志尧、孙朱恩源访问记录，1963年4月21日。转引自机器工业史料组编：《上海民族机器工业》，中华书局1966年版，第302页。

[2] 《江海关道刘设沪南自来水示并章程》，载《集成报》，1897年第11册。

[3] 《江海关道刘设沪南自来水示并章程》，载《集成报》，1897年第11册。

[4] 《江海关道刘设沪南自来水示并章程》，载《集成报》，1897年第11册。

[5] 上海特别市土地局编制：《沪南区地籍册》，1933年，第324页。

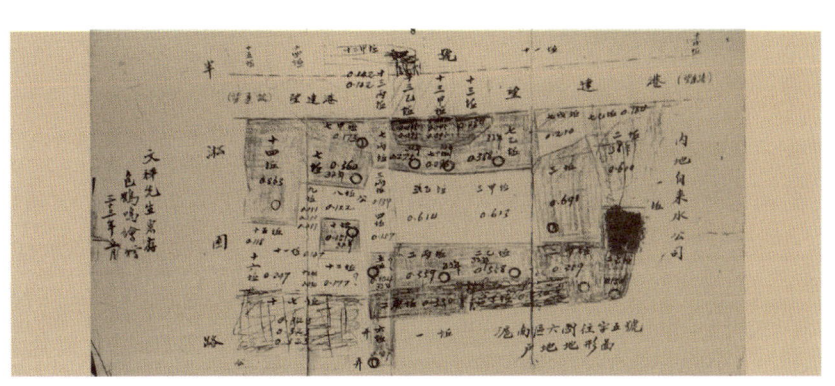

· 图3-15，沪南区六图往字五号户地地形图中的内地自来水公司

图3-16，内地自来水公司地籍，《沪南区地籍册》，1933年刊印

光绪二十八年（1902年）建成供水。初期业务不振，为维持营业，内地自来水厂以机器设备及厂房等全部产业为抵押，向德商瑞记洋行借款。1903年，以瑞记洋行为主的债权人以索要债务为由，要求将内地自来水厂抵押给外商，由外商经营。沪上士绅闻讯后，纷纷请求上海道台予以维持。时任上海道台袁树勋，亦以水厂主权所系，不能听任洋人摆布，以内地自来水厂向洋人借款未曾向政府禀报，以及经营不善为由，将水厂委任给上海士绅李平书接管办理。

李平书，宝山人。原名安曾，改名钟珏，号瑟斋，晚号且顽，以字行。肄业于上海龙门书院。光绪九年（1883年），任《字林沪报》主笔，光绪十一年（1885年）后，陆续知广东陆丰、新宁、遂溪县。1900年，赴湖北办武备学堂，1903年任江南制造局提调，后兼中国通商银行总董、招商局与江苏铁路局董事。1905年任上海城乡内外总工程局领袖总董，改电灯厂为商办，推广警政，并担任预备立宪公会会董。1909年，任中国新公学校长，筹建内地自来水公司，组成救火联合会，兼任上海城乡自治公所警务长，后又担任自治公所议事会总董，自治筹备公所所长。辛亥革命后，任沪军都督府民政总长兼江南制造局总理、江苏都督府民政司长。督导拆除上海县城垣，筑电车轨道、成立南市电车公司、建闸北水电厂等。1927年12月23日，病逝于江苏昆山。著有《且顽老人七十岁自叙》。[1]

① 上海通志编纂委员会编：《上海通志》第四十四卷"人物"，上海人民出版社、上海社会科学院出版社2005年版，第6575页。

李平书接任后，在上海道台的支持下，首先移借地方善款，清还瑞记洋行借款。尔后，改进经营管理，内地自来水厂在李平书锐意进取的姿态下，渐有起色。至1904年，水厂不仅新建成大码头水塔，还将供水区域扩大至南市大部分地区。后水厂由李平书转给粤商刘学询经理，水厂经营再度陷入瘫痪，并欠下巨款。刘学询一度欲将水厂转售外商经营，再次遭到上海地方官员及沪上士绅的一致反对。李平书再度临危受命，在上海道台蔡乃煌的支持下，将内地自来水厂改归商办，以图振兴。但因内地自来水厂所欠款项数额巨大，未能成行。

民国四年（1915年）3月，上海道台为防中国主权受侵，以地方公款偿还欠债，收归官办。是年冬改为商办，更名为上海内地自来水股份有限公司。嘉兴商人姚慕莲任董事长。改归商办之时，以姚慕莲、徐冠男为首的新董事会，在与财政部所签订的改办合同中明确规定，商办后原来"前清蔡沪道详准发出道库现款规银二十万两，又担保借款八十万两，共计一百万两收回管理"，"其地方原存各款及商家存欠各款一律承认，并责成地方招股还清欠款"。① 姚慕莲、徐冠男等人商办合议资本共计八十万两，需"遵缴财政部规银五十万两"，加上地方原存各款及商家存欠各款十九万八千二百七十二两，共计六十九万八千二百七十二两，仅剩十万一千七百二十八两资金以作"接办后整理厂务之需"。② 虽然内地自来水公司采取振兴计划，扩充设备，1916年至1926年，增建水池、水塔，增购电动机和新式净水设备，日供水量8万余立方米。但是内地自来水公司始终无法跨越资金这道关卡，增设的设备资金来源皆为向交通银行抵押所得贷款。一旦交通银行追缴贷款，内地自来水公司随时都面临着走向破产的威胁。为走出困境，1927年，内地自来水公司董事会一致通过决议聘请办理实业素有良法的华商电气公司总经理陆伯鸿担任总经理，以期陆伯鸿能够带领内地自来水公司走出困境。

陆伯鸿就任内地自来水公司总经理后，即从以下几个方面着手开展工作。

首先，策划内地自来水公司与华商电气公司签订长达15年的购电合同，以保证内地自来水公司提供自来水的正常供应的电能需求。1928年陆伯鸿就任内地自来水公司总经理后，利用自身为华商电气公司总经理的便利，从中牵线搭桥，经过商谈，最终华商电气公司以每日夜供应内地自来水公司电流二万二千度，并且"电公司通电至水公司所有之方棚间内一切电器设备，从水厂方棚间门口外其至抽水机器一切电线及电器装配均由电公司办妥"，③ 供电设备皆由华商电气公司办理。内地自来水公司以每年九八规银十万两的费用，获得了供水所需电流，解决了自来水供应的能源问题，为自来水公司业务的扩展奠定了坚实的基础。尔后，

① 《商办上海内地自来水公司1915年承官办上海内地自来水厂的合同》，卷宗号：Q403-1-4，上海市档案馆藏。

② 《商办上海内地自来水公司1915年承官办上海内地自来水厂的合同》，卷宗号：Q403-1-4，上海市档案馆藏。

③ 《华商电气公司与上海内地自来水公司签订的供电合同》，卷宗号：Q403-1-324-5，上海市档案馆藏。

又与法商自来水公司就徐家汇教堂供水达成一致，在内地自来水公司对于"新西区水道正在计划之际，惟路线较长测量、埋管等等工程颇须时日。所有该处教堂等户用水一节暂时仍由贵公司供给。俾该教堂等之食用，至敝公司接至该堂时再行商同贵公司改接可也。"① 不仅如此，在陆伯鸿的运作之下，内地自来水公司还从法商自来水公司获得"徐家汇一带自来水用户数每日所给水量及干支水管水表等设备值价若干"等在建工程所需的资料。

其次，更新设备，提高供水效率。陆伯鸿在经营华商电气公司时，便注重更新机器设备，采用新式机器。陆伯鸿深知新式机器对供水效率提高的功效，供水效率的提高意味着可以获得占领更多的市场，从而获得更好的效益。1931年，内地自来水公司建成美式生产流水线，逐步代替英式慢性过滤池，日供水量达10万立方米以上。此后陆伯鸿陆续增加设备投入，至1935年，内地自来水公司已拥有健全完整的发展自来水业务的机电设备。是年内地自来水公司机电设备统计情况如下：

电气方棚一座；冷风间一所；老清水池三座；快性沙滤缸七座；慢沙滤池四座；老礜池六座；冲池水塔一座，连马特帮浦；浑水水塔一座；新出水帮浦间七间；出水马特帮浦四套；化验间一所，连化验器；新清水池二座共四百五十方；新沉淀池二座，新快性滤池六座；进水帮浦间，七间；进水马特帮浦四套；进水推夹一座，连五十寸径铁管五百尺；气机房四座；大小水表三万五千只。②

自来水供水设备已是应有尽有。这些设备的更新与补足，使得内地自来水公司的业务扩展有了足够的设备支撑。"大小水表三万五千只"，足可见自来水用户群体的扩大。

再者，积极推广自来水消费业务。陆伯鸿在拓展民众消费群体的同时，将业务触角伸向政府部门。在签订新西区供水合同后，徐家汇一带的自来水供应已经从与法商自来水公司的竞争中获胜。而与上海特别市公用局给水处签订的供水合约，更将内地自来水公司业务发展推向高潮。根据双方合约，"上海市公用局兹为所属给水处筹供徐家汇住户及沪南码头并泊船

① 《商办上海内地自来水公司为暂时给徐家汇教堂供水事致函法商自来水公司》，卷宗号：Q403-1-15-6，上海市档案馆藏。

② 《商办上海内地自来水公司大小车床等机电设备清单》，卷宗号：Q403-1-319-13，上海市档案馆藏。

舶之饮用，向商办上海内地自来水股份有限公司购用水料"，并且于"浦东路慈佑桥堍西、浦东路三角街口、外马路大达轮船公司南墙角、外马路大通货栈东南墙角"等处，① 将内地自来水公司与公用局给水处水管接通供水。双方还约定"此后如有增减迁移之处，得由给水处书面通知公司办理"。② 内地自来水公司与公用局给水处签订的合约，意味着获得了稳定的客户资源，由于公用局给水处覆盖华界大部分地区，抓住了此大单业务，内地自来水公司的业务销售随之有了保障，市场更为扩展。

陆伯鸿主政内地自来水公司后对内更新设备，稳定能源供应，增强内地自来水公司的实力；对外搞好与竞争对手法商自来水公司的业务关系，同时积极开拓华界自来水销售业务，扩大自来水消费范围与群体。在陆伯鸿内外兼修的经营理念和多方出击的战略姿态的推动下，内地自来水公司逐渐走出困境，发展成为彼时上海华界具有举足轻重地位的华商独资自来水公司。

① 《上海市公用局给水处向商办上海内地自来水公司购水合约》，卷宗号：Q403-1-319-52，上海市档案馆藏。

② 《上海市公用局给水处向商办上海内地自来水公司购水合约》，卷宗号：Q403-1-319-52，上海市档案馆藏。

4. 华商电气公司

华商电气公司，成立于1918年，由华商电车公司与上海内地电灯公司合并而来，公司设在车站路564号。据1933年沪南地籍册记载华商电气公司在插图第六图所示处拥有三块地基，分别是往字圩1号1坵占地48亩9分1厘4毫；往字圩1号40坵占地1亩2分4厘3毫；往字圩1号41坵占地5分6厘8毫。③ 华商电气公司总经理为近代著名民族资本家陆伯鸿。

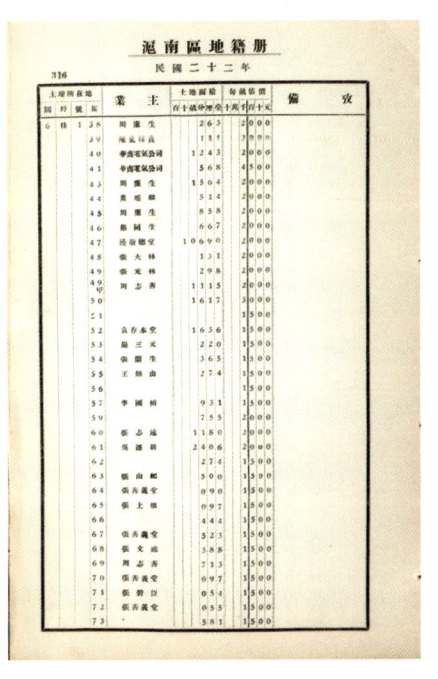

· 图3-17，华商电气公司地籍，《沪南区地籍册》，1933年刊印

③ 上海特别市土地局编制，《沪南区地籍册》，1933年，第314、316页。

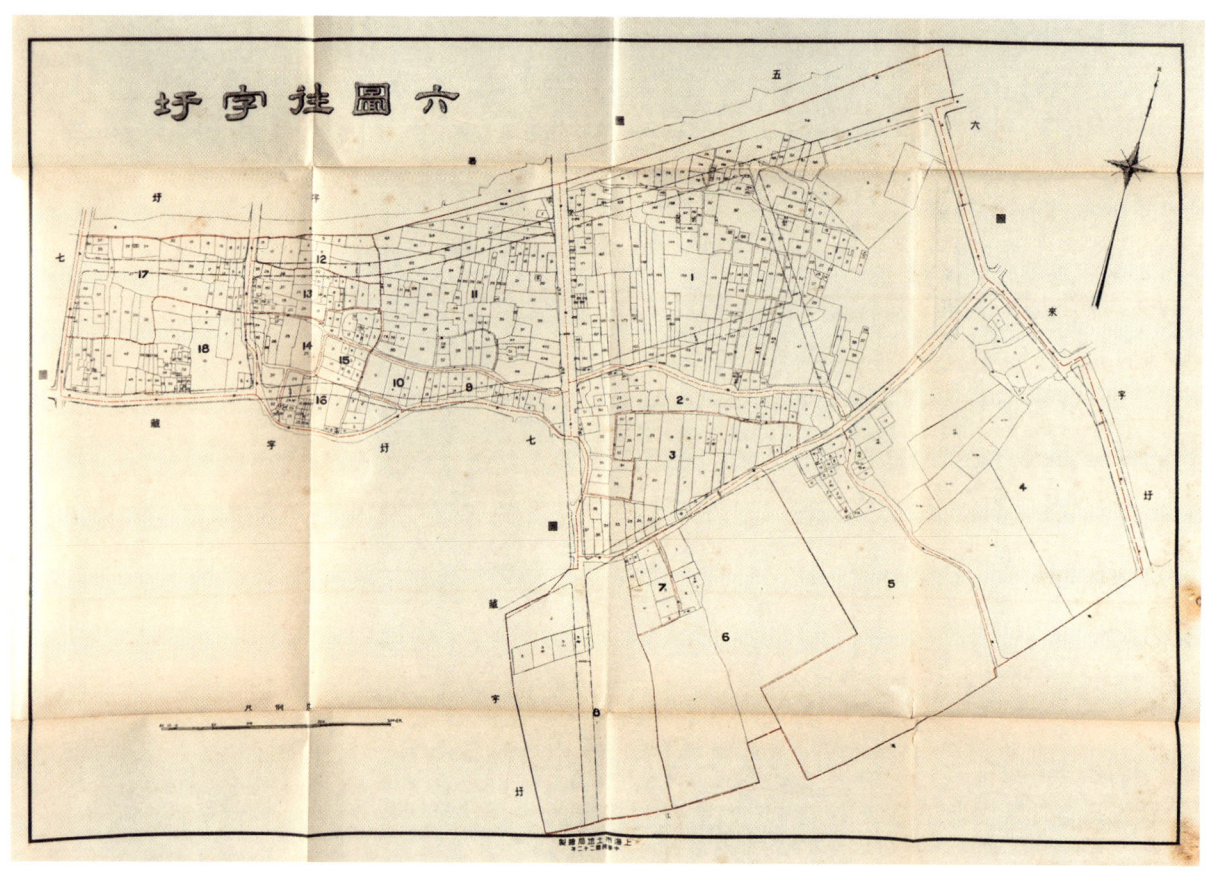

· 图3-18，六图往字圩，《沪南区地籍图》，1933年刊印

① 上海通志编纂委员会编：《上海通志》第四十四卷"人物"，上海人民出版社、上海社会科学院出版社2005年版，第6597页。

  陆伯鸿（1875—1937年），原名陆熙顺，以字行。生于上海南市顾家弄，天主徒，是近代著名的企业家、慈善家与天主教人士。陆伯鸿秀才出身，曾任法租界蒲石律师事务所秘书，先后接办上海内地电灯公司、闸北水电公司、上海内地自来水公司，创办华商电车公司、和兴铁厂、大通航业公司，是第一批进入法租界公董局的5名华董之一。他热心于传教与慈善活动，创办了新普育堂、杨树浦圣心医院、上海普慈疗养院等7家慈善机构。先后获罗马教廷西尔弗斯德肋都骑尉勋位、额吾略骑士尉勋位和袍剑爵士勋位。① 抗日战争爆发前，上海"华商之水电公用事业则有闸北水电公司、上海华商电气公司、上海内地自来水公司、浦东自来水厂、浦东电气公司、祥华电气公司、宝明电气公司及真茹电气公司等八家",其中"闸北水电公司、上海华商电气公司、上海内地自来水公司、宝明电气公司"等四家电气公司的总经理皆为陆伯鸿。① 因陆伯鸿在电气工业方面所取得的巨大成就,使他得以担任全国民营电业联合会委员长。

① 金城银行上海总行调查科编印:《事变后之上海工业》,1939年版,第2页。

上海内地电灯公司与华商电车公司,是近代国人在上海创办的最早的两家电气企业,前者于1911年为陆伯鸿所接办,后者则是陆伯鸿创办于1912年。

上海内地电灯公司创办于1897年。是年秋,上海海关道宪蔡和甫与上海县令黄爱棠商定,参照租界办法创设电灯厂。黄爱棠选中老太平码头空地一块,拨银4000两,由上海南市马路工程善后局建造电灯厂,后定名为南市电灯厂。该年除夕建成发电,南市第一盏电灯问世。灯亮时上海县令黄爱棠曾带领大小官员亲临观看。次日夜(即大年初一),从老太平码头至公义码头沿黄浦江一带30盏灯一起放光,往日入夜漆黑的南市,出现了亮丽的火龙,沉寂已久的人们,第一次近距离接触新科技带来的震撼。当时《申报》曾在报道中以"光明世界"为题,热情洋溢地报道电灯发光的消息。②

② 《申报》,1898年1月22日。

1906年,南市电灯厂由官办改为商办,更名为上海内地电灯公司,公司地址移至紫霞殿。1911年,上海内地电灯公司因经营不善,濒临倒闭,经李平书推荐,陆伯鸿接办该公司。由于陆伯鸿经理有方,此后上海内地电灯公司经营规模不断扩大。1917年,上海内地电灯公司供电灯数增至2.3万余盏,称为当时上海继英、法经营的电气事业之后第三大发供电公司。1918年初,内地电灯公司与华商电车公司合并,组成华商电气股份有限公司,公司发展进入了一个新的阶段。

1912年(民国元年),恰逢上海拆除城墙改筑马路,陆伯鸿把握机会投资20万元,创办上海华商电车公司,在上海华界首次开通了有轨电车。据华商电车公司与上海南市市政厅签订的合同,上海华界第一条有轨电车路线"自十六铺桥浦滩迤南经大码头、董家渡、沪军营苏路、火车站以达高昌庙,迤西至斜桥之路,续行规划"。③ 这条线路沿线为上海的老

③ 《警务丛报》,1912年1月第20期。

市区，人烟稠密，潜在的客流量非常可观。陆伯鸿在华商电车公司的每辆电车车头上安装"绿、白、红"三种颜色的电灯，同自己的姓名谐音（吴语发音），以此招徕顾客，故从开业之始华商电车的乘客就非常多，此后一直保持了良好的经营业绩。华商电车公司经营业绩很好得益于陆伯鸿经理有方，然实更受益于华商电车公司与南市市政厅所签订的合同，此项合同使得华商电车公司的发展得到官方的认可，具有法理的依据。华商电车公司与上海南市市政厅所签订合同内容主要有七项，分别是缘起、遵守之责任、股本之招集、路线之规划、享有之权利、对于市政厅之报酬、对于市政厅之义务。①

合同规定了华商电车公司只能是华商独资，华商电车公司获得了市政厅在拓展马路、新设电车、营业权、新的市政工程以及税收方面巨大的支持与优惠待遇，无疑对新成立的华商电车公司的稳步发展提供了保障，成为华商电车公司发展的无形资产。当然合同也规定华商电车公司对市政厅应尽的义务，如"每日进款毛数抽取百分之三，为市政厅之报酬金"，② 市政厅对进款账目的检查，以及非常时期如扰乱、戒严抑或战争时期，市政厅对华商电车公司所属电车有征用权等。至1918年与上海内地电灯公司合并，组成华商电气公司前，华商电车公司已辟行了4条有轨电车线路。6年内，华商电车公司连续辟行4条线路，使得南市成为步租界之后有轨电车盛行的华界区域。1918年与内地电灯公司合并后，成立的华商电气公司，将独立发展的两公司合二为一，达到了优势互补，拥有发电厂、电车公司的华商电气公司，此后不断地增加电气设备，继续扩大经营。

1922年，始装4000千瓦发电机一台；1924年及1926年又相继添置8000千瓦机两台，总计容量达20000千瓦。③ 随着发电设备的不断增设，华商电气公司的资产也在不断地增加。华商电气公司自编的民国十九年报告册记载了华商电气公司自成立发展至1930年时，④ 公司各项财产情况。在这份年终总结报告册中，华商电气公司资产，无论是地基、房屋、机器锅炉、电灯杆线、地线方棚、电车轨线、车辆及各种材料等固定资产，还是存出保证金、未换股票、公债券、乌清镇电灯股份、和兴股份、

---

① 《警务丛报》，1912年1月第20期，另见于《华界开办电车之合同》，载《申报》，1912年9月10日，第六、七版。

② 《警务丛报》，1912年1月第20期，另见于《华界开办电车之合同》，载《申报》，1912年9月10日，第六、七版。

③ 李代耕编：《中国电力工业发展史料——解放前的七十年（一八七九—一九四九）》，水利电力出版社1983年版，第21页。

④ 上海华商电气公司编：《上海华商电气公司第十三届报告册》，民国十九年一月起至十二月底止。

定期放款、银行钱庄往来、现存等各笔款项往来都显示出华商电气公司在当时已经是规模庞大、资金雄厚的近代电气巨头型企业。其实华商电气公司不仅规模庞大、资金雄厚，而且业务增幅大、增长率高。

华商电气公司经营业务增长明显，伴随着业务发展而来的是营业区域继续扩大，1935年除南市全部自给外，"尚送电流至浦东，莘庄，七宝等地，而松江闵行等馈电亦在积极进行中"。① 基于企业实力的扩充与业务发展的需要，华商电气公司总经理陆伯鸿决定继续追加设备投入，"爰于民国二十四年计划建设新电厂经向西门子洋行订购一五〇〇〇千瓦汽轮发电机两座，计三万千瓦；又斯可达拔柏葛等洋行订购汽锅三座，勘定半淞园路外滩为新电厂址"。② 由于陆伯鸿同时担任闸北水电公司总经理，故为发展起见，陆伯鸿增强了华商电气公司与闸北水电公司之间的联络，于"中山路斜土路旁，设互输变压所一处，于民国二十三年开始应用，其输电电压为三万伏"，③ 以便互输电流，调剂有无。此时的陆伯鸿认为自己经营的电气事业具有"改良电气效率，降低发电成本，使工商业及各界得享受低廉之电价，借以振兴国货，利益民生，挽回利权"，④ 对华商电气公司的前途可谓踌躇满志。

在江南制造局、求新造船厂、上海内地自来水公司、华商电气公司等近代企业的刺激与拉动下，城南地区的工业化进程得以呈倍率增长。自1867年第一家近代企业江南制造局入驻始，至民国二十六年（1937年）抗日战争爆发之前，据上海市政府社会局之调查，"民国二十六年五月全市工厂五千五百二十五家中，厂址设在特一区者计一千三百七十九家，设在特二区者计三百四十三家，设在闸北者计一千一百八十二家，设在南市区者计二千二百九十五家。"⑤ 城南地区工厂数几占全市工厂数一半，且分布于各行业。表3-1，为南市除江南制造局、求新造船厂以外，设于南市的机器制造业工厂。

① 陆伯鸿：《上海华商电气公司与闸北水电公司之过去与将来》，载《电工》，1935年6月，第5期。

② 上海华商电气公司编：《上海华商电气公司战后初步复兴纪念刊》，上海华商电气股份公司1949年。

③ 陆伯鸿：《上海华商电气公司与闸北水电公司之过去与将来》，载《电工》，1935年6月，第5期。

④ 陆伯鸿：《上海华商电气公司与闸北水电公司之过去与将来》，载《电工》，1935年6月，第5期。

⑤ 金城银行上海总行调查科编印：《事变后之上海工业》，1939年版，例言第1页。

表 3-1 机器业工厂一览表中南市地区机器工厂

厂 名	厂 址	成立年月
新祥机器厂	南市沪军营安乐里第五八号	1912 年
振兴机器厂	南市沪军营北	1914 年
合兴机器制造厂	南码头机场街	1919 年
新华机器厂	机场街裕庆里	1920 年
新大机器厂	南市沪军营东首	1925 年
远大铁工厂	南市沪军营旧址东首	1926 年
吴祥泰机器厂	南市多稼路四三至四五号	1928 年
黄德泰机器厂	南市南会馆街	1928 年

资料来源：上海特别市社会局编：《上海之工业》，中华书局1930年版，第127—130页。

此外，面粉业，有申大面粉厂，厂址位于南市机场街；[1] 丝织业，洪星丝织厂，坐落于南市国货路，友谊丝织厂、新生丝织厂则都设于南市局门路；[2] 染织业，有安达染织厂与瀛洲染织厂两家，分别创于南市局门路与南市车站路。[3] 城南地区也是近代上海搪瓷业较为集中的地区，其中以铸丰搪瓷厂、益丰搪瓷厂、兆丰搪瓷厂、中华搪瓷厂规模为最大。"计此四厂之出品，约占全国总产额90%以上，而行销地点，则以长江流域为最多。"[4] 此四厂不仅搪瓷产量大，且质量高乘。产品上市后"国人竞相采用，日货行将绝迹，西洋货更无销场"，[5] 占领了国内搪瓷业市场，实为实业救国楷模。

[1] 金城银行上海总行调查科编印：《事变后之上海工业》，1939年版，第10页。

[2] 金城银行上海总行调查科编印：《事变后之上海工业》，1939年版，第22、23页。

[3] 金城银行上海总行调查科编印：《事变后之上海工业》，1939年版，第34、35页。

[4] 上海特别市社会局编：《上海之工业》，中华书局1930年版，第76页。

[5] 上海特别市社会局编：《上海之工业》，中华书局1930年版，第76页。

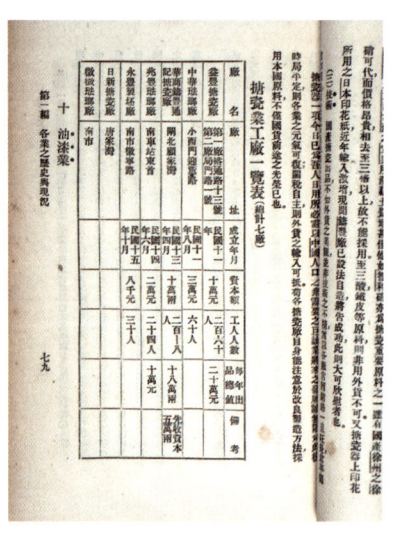

· 图 3-19，沪南一带企业，《上海之工业》

抗日战争爆发前，城南地区实已成为重工业、轻工业集聚的产业区，除有江南制造局、求新造船厂等生产机器的近代机器工业，亦有满足人民日常生活需要的内地自来水公司、华商电气公司，更有繁荣市场，乃至"外争国权"与洋商竞技的搪瓷业、面粉业、丝织业、染织业等轻工业，不仅产业分布合理，产品齐全，更成为"大上海计划"中三大工业区之一。工厂数之多，已为全国之冠，城南地区已经形成大企业带队、中小企业紧随其后的工业发展格局，工业化进程也遥遥领先于同时期除租界外的华界地区。同时应看到城南地区的工业化是脆弱的，域内企业发展极不稳定，如求新厂这种近代最大的民族资本机器工厂，最终因经营不善而为法国资本所吞并。其他如内地自来水公司更是屡屡游走于售与洋商经理的边缘，大企业尚且如此，小企业、小工厂（场）更可想而知。突发因素，尤其是战争对城南地区的工业企业，往往是致命的打击。如抗日战争爆发后，城南地区的工业企业，除部分内迁外，或毁于战火，或为日本公司控制经营，战争中损失极为严重，战后亦久久无法复原。

三、城南的市政建设

受益于工业化进程的带动，该区域市政建设亦随之得到较快发展。

城南境内的道路建设是市政建设中走在最前列的。城南的近代市政建设始于19世纪中叶。清咸丰六年（1856年）境内法租界建成第一条近代城市道路——今中山东二路（新开河北路至东门路）。曾名"法兰西外滩"、"法租界外滩"、黄浦滩马路、南黄浦滩等。19世纪末，十六铺至南码头一带，商贾云集，百货山积，各地运销，均到此装卸，租界供应物资亦到此批发，但道路交通很不适应，经清政府核准，开筑南市马路。1896年勘定沿浦马路用地，自方浜口至陆家浜口，共38亩7分6厘2毫。路长804丈（合2680米），宽3丈（合10米），石块路面，名外马路，亦称大马路，1906年改称里马路，1935年改名中山南路。1906年工程局沿新积浦滩筑成一条新的外马路，砂石路面。同年辟筑老道前街。1907年至1910年四年时间内，城南地区先后辟筑董家渡路、大昌街、方浜东路、黄家阙路、安澜路、林荫路、万生路、大兴街、车站路、大境路、露香园路等11条道路。此后，分别于1911年至1913年筑校场路，1920年又辟国货路。同时城厢部分街巷先后改筑道路，1906年改筑四牌楼路，1906年、1912年两次改筑巡道街，逐渐形成路巷交叉的道路网络。

在辟筑道路的同时，填浜筑路也在有条不紊地开展。自上海筑城以来，城南境内老城厢内外浜渠密布，主要干浜有肇家浜、方浜、薛家浜、陆家浜及新开河等黄浦江支流，交通运输主要靠水道。随着近代道路兴

· 图3-20，城南地区的道路分布图，《袖珍上海里弄分区精图》，葛石卿等编纂绘制，国光舆地社1946年版，作者书社发行

建和陆路交通运输发展与河床淤积，浜渠逐渐失去交通运输和排泄作用，乃至成为发展交通的障碍，遂填浜筑路。自1906年填黑桥浜，改筑福佑路始，至1931年填南周泾河道筑新肇周路。在25年时间内，城南地区的亭桥浜、新开河、方浜、肇家浜、薛家浜、陆家浜等大小河浜先后被填筑，形成近代道路。现在我们所熟悉的蓬莱路、新开河路、方浜中路、方浜西路和东门路、肇周路、复兴东路、白渡路、薛家浜路等多条道路都是在这一时期完成的填浜筑路。经过大规模的填浜筑路工程，城南地区共计填浜拆城筑路60余条，构成以干浜和城濠为骨架的道路网络。

道路的修筑为公共交通的发展提供了便利的条件。得益于此，城南地区是新式公共交通引进较早的地区。早在1908年城南地区就已经有三条有轨电车线路。1908年，华商电车公司以十六铺为起讫点，先后辟通三条有轨电车路线（见表3-2）。

表3-2 光绪三十四年（1908年）有轨电车情况表

辟线时间	线路车号	起、讫站名	全程（公里）
1908年	2路	十六铺－善钟路（后延伸至徐家汇）	8.50
1908年	10路	十六铺－卢家湾	4.29
1908年	6号	十六铺－斜桥	5.11

资料来源：上海市南市区志编纂委员会编：《南市区志》，上海社会科学院出版社1997年版，第733页。

华商电车公司后与内地电灯公司合并组成华商电气公司，亦在城南地区开通有轨电车业务。表3-2为华商电车公司在合并之前于城南地区所开设的有轨电车与线路。至1930年，华商电气公司公司所属的车辆共计55辆，其中四轮机车30辆，八轮机车12辆，拖车13辆，分别派用于四条有轨线路。而"有轨电车1路共机车9辆，拖车5辆，每日每辆往来次数17次；有轨电车2路共机车4辆，每日每辆往来次数46次；有轨电车3路机车8辆，拖车8辆，每日每辆往来次数40次；有轨电车4路，有轨

① 陈荫谷、王馨吾：《上海南市华商电厂概况》，载《电工》，1931年2月第2期。

电车6辆，每日每辆往来次数28次。"① 平均每路电车每日往返次数为32.75次，给城南地区居民出行带来了极大的方便。

除华商电气公司外，1928年9月18日成立的华商沪南公共汽车股份有限公司，也先后在城南地区辟通三条公共汽车线路。其中，1路自老西门至肇嘉浜路，2路自老西门至龙华，3路自老西门至小东门。

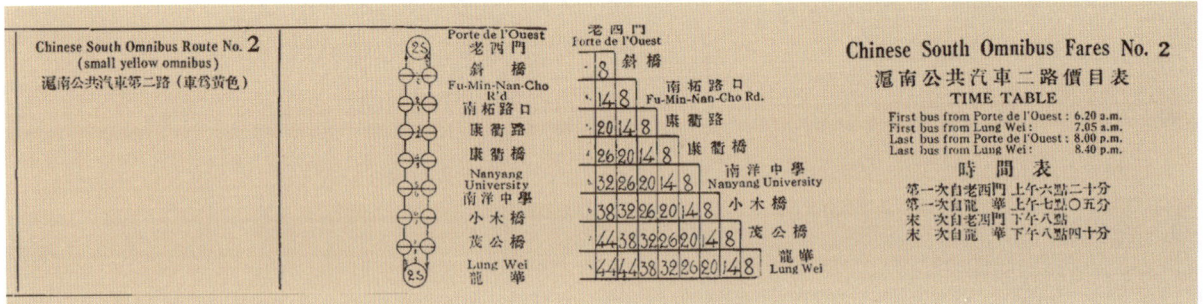

· 图3-21，沪南公共汽车二路

城南地区不仅区境内公共交通相当便利，长途运力也有较快发展。1922年成立的沪闵南柘长途汽车股份有限公司，在南市开辟长途汽车路线。1922年2月开辟由海潮寺南街至闵行的长途汽车线路，9月沪闵南柘通车。1921年成立上海长途汽车股份有限公司，于1922年8月开辟由上海县周家渡至南汇县周浦镇长途汽车线路。

铁路在近代交通运输中占据重要地位。沪杭铁路的建成，对城南地区乃至整个上海地区的发展都具有重要意义。1909年沪杭铁路开通，沪杭线上海起点站，即设于城南地区车站路。沪杭铁路的开通，标志着城南地区近代交通基础设施建设的显著提升。1916年，新龙华至上海北站的支线修成通车，沪杭铁路与沪宁铁路两大交通干线连通，将上海华界南北连贯起来，进而实现了京、沪、杭地区人员与物资的流通，便利了上海华界以及京沪杭地区之间的往来。

上海本就以港兴市，港区发展带动城市发展。近代以前，城南地区的码头多以砖石或木质结构为主。20世纪初十六铺附近出现钢质码头，以供洋船（即轮船）专用。1915—1918年南市公共码头改建，自大码头起，迤南经洞庭山码头、新码头至永顺码头止，全部向江内放宽约7—10

米,填高后砌成混凝土驳岸。同时,改建大码头、王家码头、公义码头、万裕码头、董家渡码头和新建工巡局门前码头等6座。各码头面积相同,长约10米,宽约13米,结构也相同,中筑平台,两端筑成斜坡,加钉木条,作为踏步,供各商行起卸货物。①

① 上海市南市区志编纂委员会编:《南市区志》,上海社会科学院出版社1997年版,第714页。

· 图3-22,《上海市轮渡》,上海市兴业信托社市轮渡管理处编,1937年刊印

抗日战争初期不少码头遭受侵华日军破坏,1937年8月6日,日军军舰向大达轮船码头、董家渡码头等处炮击,18座民营客、货运码头损坏严重,中华码头的仓库和部分建筑物被夷为平地。抗日战争胜利后,卅始整埋码头,修缮库场,恢复经营业务。

· 图3-23,《上海市轮渡》,上海市兴业信托社市轮渡管理处编,1937年刊印

生活用水是城市居民日常生活所不可或缺的，用水安全也是衡量市政建设的标尺之一。水厂出现以前，城南居民用水大都取自江河，多以沿黄浦江取水自用，少数取自土井。随之新式取水工具的传入，尤其是洋人在上海开办自来水厂的影响，城南地区亦出现了自来水厂。法商自来水厂与内地自来水厂，先后诞生于城南地区。

1895年7月，法公董局以白银9968两购到法租界境内董家渡土地约77亩（51359平方米），拟建公董局董家渡水厂，遭到清政府反对。1897年法总领事到沪后，强占基地，再行交涉，上海道台让步发给执契。1898年3月开工，1902年1月建成，时为上海第二家公用水厂，厂址设在今机场路南首。输水管道从水厂穿越华界向法租界供水。因经营不善，1908年5月，让给法商电车电灯公司经营，经多次扩建，供水量大增。1937年平均日供水量62021立方米，1911年增加10倍以上。抗日战争期间，是上海唯一受到日本庇护维持不变的水厂。

· 图3-24，法商董家渡水厂全景

步入近代以来，城南地区的邮政通讯事业也得到飞速发展。1897年2月上海大清邮政局成立，在今汉口路江海关后院办公。1901年江海关移至外马路白渡路口，由海关兼办大清邮政。同年9月，在城南开设的江南分局（后改称高昌庙支局）是城南地区设立的最早的邮政局。1911年6月，上海邮政总局改称上海邮政局，境内共设江南、城内、南头外滩、西门四个邮政分、支局。抗日战争前，城南地区共设置高昌庙支局、昼锦路支局、南头外滩支局、西门支局、大南门支局、里马路支局、老北门支局等七个邮政支局。各处邮政分、支局，办理收寄信函、包裹、汇兑等业务。

虽然早在1881年上海就设立电报局，然而直到1925年城南地区才有电报局设立。该年9月，在小东门中华路1号设立上海电报局南市分局，又称上海电报南分局，开办电报业务，专收商、民交发的电报，隶属江苏电政监督管辖。1927年12月，国民政府军事委员会交通处在蓬莱路迁近坊芹园设立短波无线电台，公开收发商业电报。1934年，上海电报局在民国路565号，穿心街（今复兴东路）229号、大南门大码头街、里马路（今中山南路）、西门邮电局、南头外滩邮政局等处设置电报收发处。同年7月1日起，上海实行邮电合设，即在邮政局内设电报收发处。高昌庙邮局、昼锦路邮局、南头外滩邮局、西门邮局、大南门邮局、里马路邮局内也都设立电报收发处，开办电报业务。同年，撤销上海电报局小东门收发处，其设备移装于南头外滩邮政局。

1906年，清政府在东门外新码头里街建立南市电话局（又名电话沪局），城南地区开始出现电话。1907年10月，电话通话，电话沪局随之更名为上海电话总局。1916年，上海电话总局改称上海电话局南市总局，用户共97线。1922年，南市总局共电式人工交换机2000门，用户达681线。1931年，电话设备改为步进制自动交换机3000号线，此项工程因遭日军袭击，设备受损，经整修后，1933年4月15日正式开通，使用自动交换机，用户电话均改成5位号码。

1923年3月，上海电话局在南市电话局开办长途电话，开通上海至吴淞、苏州、无锡的长途电话。此后，又开通上海至常州、镇江、南京的长途电话，初步建立了城南地区的电话网络。1928年3月，长途电话台迁至上海电话局闸北分局，续办长途电话，南市电话局内设营业所，受理长途电话业务。

安全问题对于工业企业聚集的城南地区来说，尤为重要。城南地区为工业、企业布局之所，其中不乏生产机器的机器制造业，内地自来水厂与华商电气公司等水电公司，厂房林立，使得安全问题被提上议事日程，尤其是火灾问题更为凸显。况且该区民房尚多为木质结构，一旦发生火灾后果极为严重。为应对火患，救火联合会便适时而生。救火联合会成立于 1907 年，办公地址位于五厰漕仓废基（今中华路 581 号），占地 2 亩 5 分 8 厘 1 毫。据《上海县续志》载"楼屋七楹，为各社会员聚会之所；并建警钟楼。于宣统二年落成，靡资一万二千金。会中举正副会长及评议调查等职员修订章程，咸遵守焉"。① 救火联合会利用鸣钟声为警戒，"以肇家浜为界，浜南鸣钟一，浜北鸣钟二，城外十六铺桥至董家渡鸣钟三，董家渡至火车站、放生局鸣钟四，放生局至西区租界止鸣钟五。凡遇火灾先鸣钟二十五，旋照各段分鸣记数。钟楼上日间用旗，夜间用灯，亦照钟鸣数自一至五分别悬挂"。②

① 吴馨等修，姚文 等撰：《上海县续志》，卷二"建置上"，成文出版社 1970 年版。

② 吴馨等修，姚文 等撰：《上海县续志》，卷二"建置上"，成文出版社 1970 年版。

· 图 3-25，日本侵略军的军舰来到上海

城南地区的市政建设如同该区的工业化进程一样，受到日军侵华战争的破坏。日军侵华战争打断并延阻了城南地区工业化的进程，数十年基业毁于一旦；同时也搅乱了城南地区市政建设正常的发展轨迹，既有的市政建设多半毁于炮火之下，市政建设所代表的城市更新进度停滞不前。从城南地区的工业化与市政建设遭遇来看，和平安稳的环境对于一个地区的发展至为重要。

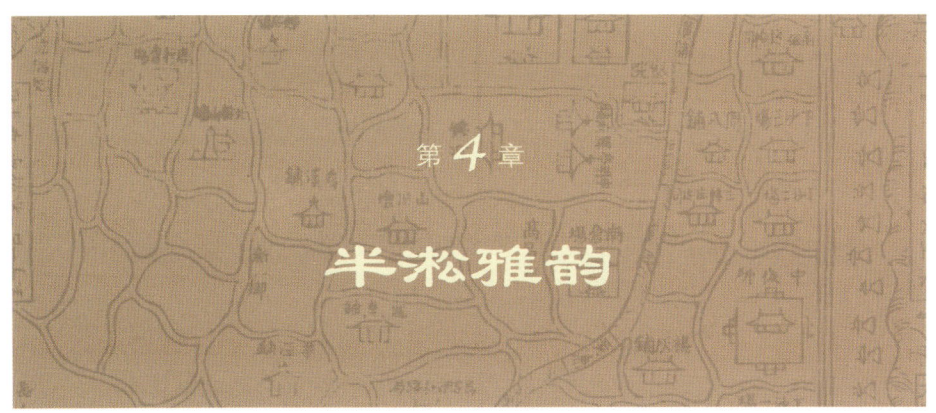

第 4 章 半淞雅韵

近代上海的公私园林中,相比租界内欧美样式的城市公园,如外滩公园、虹口公园、顾家宅公园、兆丰公园,以及同时代开放性的私家园林,如张园、徐园、愚园、哈同园,1918年始建成开张,位于上海城南高昌庙附近的半淞园,以后来居上之势,独擅胜场近二十年。时人记载:"三十年来,稍知沪事者无不知有张园、愚园,自夜花园出而此两园之声色稍替,自屋顶花园出而此两园几无人过问矣。然于此有一苍头特起之花园,几有当日张园、愚园之盛者,厥为半淞园。"① 1919年前后,上海有公私花园约数十处,以及较具规模的游戏场七处,② 然而竞争其间,位处租界之外的城南半淞园,却以独具特色的园林景观、丰富多样的娱乐项目、积极灵活的经营策略,吸引了本市及外埠众多游客络绎前往,并开创以游园为导线,汇聚人气、振兴市面的成功范例。

半淞园的诞生与兴盛,与上海开埠之后"四界三方"市政格局下,城市区位功能的变迁、华洋异质文化的摩荡、市民娱乐空间的拓展等诸多因素紧密关联。1937年,半淞园虽毁于战火,然而民众得以优游休憩于花木亭台之间的游园记忆,以及各阶层市民共同参与、享受公共生活进而形成群体认同的经验,却由此深刻地植入城市的集体意识之中。

① 陈伯熙编著:《上海轶事大观》,上海书店出版社2000年版,第135页。

② 参见任建树主编:《现代上海大事记》,上海辞书出版社1996年版,第80页。

一、半淞园开幕

从 18 世纪 60 年代算起，沪上公私园林的源起与兴盛，始终与本埠人口的迅速增长、工商业的兴起、租界的推进扩张、城乡风貌的改观，即整个上海的城市化进程相同步。

上海开埠以后，因租界开辟、小刀会起义和太平军战事的影响，自 19 世纪 60 年代，城市的格局发生转变，市面兴衰亦相应转移。当时上海的著名花园，如张园、徐园、愚园等，以地理位置而论，或西或北，都处于租界的边幅，虽然越界筑路将这些地片陆续划归租界，但很长时间内，这些地区实际"仍然大体保持着低密度的郊区风貌"，因此形成适宜私家园林的地理环境。然据曹聚仁日后回忆："民国初年，租界市面日趋繁华，人口也增加到三百万以上，越界筑路，向西伸展，远远把静安寺抛在红尘之中。上海郊区，已经和真如、北新泾相接近了。那时，我所说的那几处名园，如张园（安垲第），愚园（今愚谷村），已经成为市廛，徐园也不复有林壑之晴了。"① 伴随城市化的推进，租界内的私家园林逐渐失去当初幽静的环境优势，而南市则自 1896 年马路工程局成立后，道路渐次开辟、延伸；民国初始，又拆除城墙，挣脱束缚，有向外拓展的趋势。原本不属华界中心，地处荒僻、居民鲜少的高昌庙一带，反而成为与市区距离合适、交通方便，适宜城市公园兴建的新址。

据 1918 年《申报》记载，位于南市沪杭火车站东首高昌庙路之半淞园，由上海商人沈志贤与书画家姚伯鸿"经营两载"始告建成，占地七八十亩，"全园悉从华制，无仿效洋式之处，其建筑费计共四万余金"，于 1918 年 10 月 4 日（旧历八月三十日）下午二时落成开幕；1918 年 10 月 5 日（旧历九月初一日，星期六）上午七时开放游览，正式营业。②

① 曹聚仁：《上海春秋》，生活·读书·新知三联书店 2007 年版，第 280 页。

② 《申报》1918 年 8 月 6 日、1918 年 10 月 1 日、1918 年 10 月 6 日。

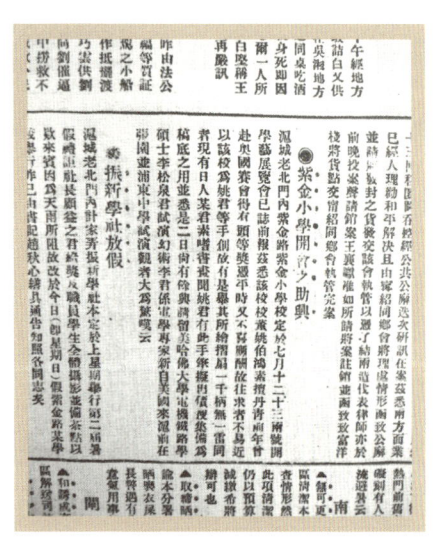

·图 4-1，哈佛大学电机铁路硕士于张园为紫金小学才艺展览会助展，载《申报》1913 年 7 月 13 日，第十版

· 图 4-2，半淞园开工建设，载《申报》1920 年 9 月 25 日，第十版　　· 图 4-3，半淞园开幕，
载《申报》1918 年 8 月 6 日，第十一版

沈志贤（1862—1952 年），青浦人，天主教徒。沈氏家族世营沙船业，咸丰十年（1860 年）太平军之役，为避战乱，迁居沪上董家渡，经营沙船运输，在南市开设同昌沙船号及同昌钱庄，颇有资产。沈志贤早年从教会学校中学习了流利的英、法文，在结识马相伯后，由其介绍进入英商沙逊洋行，担任买办，深得沙逊的信任，主持洋行呢绒、丝、茶等进出口业务。此后曾任华昌洋行、新沙逊洋行、法商东方汇理银行、中华懋业银行、上海商业储蓄银行的买办。沈志贤与本地商绅朱志尧、陆伯鸿等交好，故参股南市华商企业，成为求新机器制造轮船厂、华商电气公司、华商内地自来水厂、华商电车公司、上海内地电灯公司的股东。沈志贤擅长理财，尤其精于地产投资与金融交易。①

姚鸿，字伯鸿，天主教徒。精擅书画，1909 年参与发起豫园书画善会，② 1915 年其书画《青山绿水》作为上海展品参加巴拿马万国博览会获二等奖。1912 年至 1914 年任上海市自治议事会职员，③ 1916 年任上海市议会会员，1923 年 1 月任上海地方自治研究会会员，1923 年 9 月任上海市议事会议员，曾在南市创建小学校，身份是以书画家而兼地方绅士。

· 图 4-4，沈志贤担任中华懋业银行华经理，载《申报》1917 年 2 月 24 日，第十版

① 沈志贤的家世与生平，参见许洪新：《黄浦侧畔的沈家花园》，收入史寂、史齐主编：《花园里的上海世界》，上海辞书出版社 2010 年版，第 113—114 页。

② 杨逸等：《海上墨林·广方言馆全案·粉墨丛谈》，上海古籍出版社 1989 年版，第 73 页。

③ 杨逸纂修：《上海自治志》，1915 年版，第 8 页。

第 4 章　半淞雅韵

沈志贤与姚伯鸿都是天主教徒，沈志贤的第六子沈凤鸣又娶姚伯鸿之女为妻，两家有姻亲之好，尤其沈、姚两人生平事业的重心都在南市，故半淞园由沈志贤出资兴建，而由姚伯鸿规划经营。

· 图4-5，半淞园之景，《沪宁沪杭甬铁路第三期旅行指南》沪宁沪杭甬铁路管理局1922.1版(1)

其实与半淞园相比邻，此地已有一处私家园林，即沈志贤创建的沈家花园。据民国《上海县续志》记载："沈家园在二十四保方十二图望道港，东临黄浦，门对沪杭车站孔道。宣统元年，邑人沈志贤创构。地可百亩，以百分之五布置家室，余悉园址。有听潮楼、留月台、鉴影亭、迎帆阁诸胜。"① 沈氏家族当初因董家渡地近黄浦江，宜营沙船，且有天主教堂，因此定居于此，光绪初年沈志贤购进隔壁之吴家桃园，堆土垒山，遍植玉兰等花木，建成沈家花园。园中建筑"多中国传统形式，惟亭阁等顶上，不像一般园林那样置仙鹤、凤凰、葫芦等，而全是十字架，宛若徐家汇修道院园中所见"。②

以建筑形式而论，沈家花园内的教堂与十字架，表明这是"一座富有童话色彩和浓重宗教气息的西式园林"，与"全园悉从华制，无仿效洋式之处"的半淞园，中西有别。以园林功能而言，沈家花园除了对亲友、教友及个别军政要人开放之外，并不向公众开放，私密性强，与营业性质的半淞园，公私有别。

半淞园开张，按照一般的说法，最初是由姚伯鸿游说沈志贤，仿效张园之例，将沈家花园开放营利，因未被沈氏采纳，于是有姚氏半淞园的计

① 吴馨等修纂：《上海县续志》，1918年上海南园刊本，卷二十七"名迹·第宅园林"。

② 杨嘉祐：《半淞园梦寻》，收入《花园里的上海世界》，上海辞书出版社2010年版，第116页。

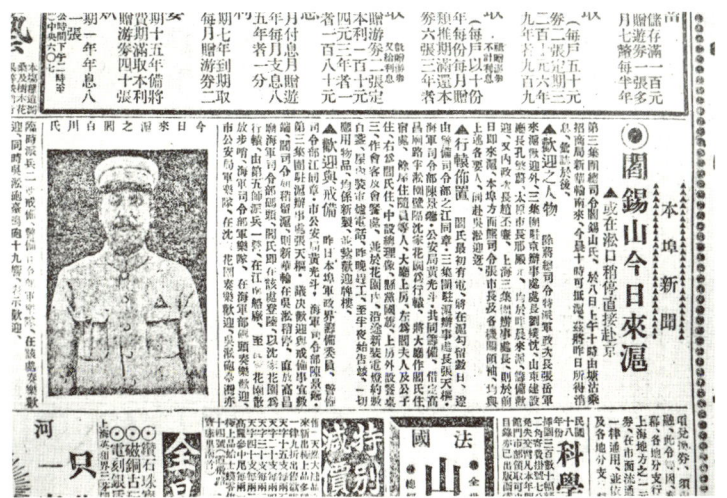

· 图 4-6，阎锡山到沪以沈家花园为行辕，载《申报》1928年12月11日，第十三版

划与建构。查 1916 年 7 月 25 日《申报》曾刊载题为"沈家花园任人游览"的告白，称："南市火车站南首，原有沈家花园一所，系沈志贤君之产"，"兹沈君为振兴南市商场起见，与陆伯鸿、姚伯鸿诸君商议，允将此园开放公园，任凭商学各界于公余之暇前往游玩，业已鸠工修饰矣。"① 然而次日，立即刊登另一份署名"姚鸿"所写"沈家园并不开放"的告白，云：

① 《沈家园任人游览》，《申报》，1916 年 7 月 25 日。

> 顷见贵报新闻栏内，登载"沈家花园任人游览"一节，想为访闻所误。盖沈家花园乃沈志贤君之住宅，万无改作公园任人游览之理。惟沈君近拟于该处西首租借地亩，另辟一园，实与原有花园不相联合，然亦不过惨淡经营、崇尚朴实，藉为高人雅士游息而已。②

② 《沈家园并不开放》，《申报》，1916 年 7 月 26 日。

1917 年 2 月 24 日，《申报》再次刊登"沪南建筑公园之开工"的告白，称："沪杭车站南首之沈家花园，有园主沈志贤眷属居住在内，未便游览。现沈君见园外另有荒田六十余亩，堪以另辟一园，作为公共游息之地，与姚伯鸿商议再行组织，现已兴工建筑"，"一俟竣工，即当开放任人游览云"。③ 三则广告透露出的消息：其一，开放沈园辟作公园的设想大体产生于 1916 年，初由陆伯鸿、姚伯鸿两人提议；其二，沈志贤以"园内有沈氏眷属，未便开放为由"，出资租借沈家花园西北荒地六十亩，开辟公园，是故比邻相对的半淞园与沈家花园产权均属沈志贤所有，实际是沈氏产业在高昌庙地区的再度扩张。

③ 《申报》，1917 年 2 月 24 日。

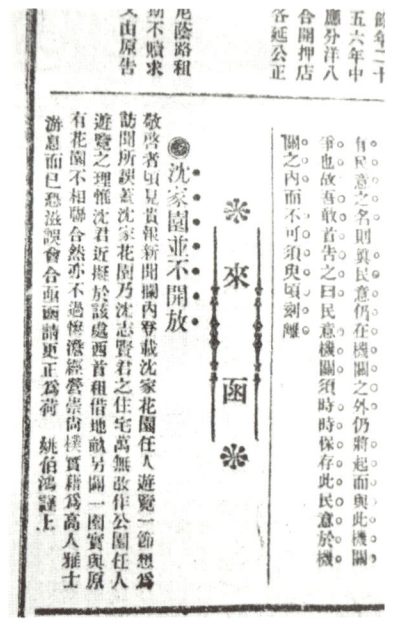

·图4-7,《申报》刊载姚伯鸿"沈家花园并不开放"的新闻,载《申报》1916年7月26日,第十一版

1916年正值袁世凯被迫取消帝制,惊惧毙命之时,各省纷纷独立,7月17日孙中山在上海张园演说,主张学习美国,建立地方自治。10月8日上海地方自治研究会在南市也是园召开成立。而姚伯鸿于本年担任上海市议会会员,嗣后又任上海地方自治研究会会员,对于时潮趋向,多能领会。

半淞园与沈家花园以地理位置而言,首先是正对沪杭甬车站孔道。1916年12月9日,沪杭、沪宁两铁路接轨通车,连通南北两站,使南站的货运量快速增长。其次是华商电车公司的有轨电车在此设站。1915年3月,华商电车公司向工巡捐局申请拓宽路面,拟铺设自沈家花园至制造局之间的电车轨道。1916年,华商电车公司自小东门至南火车站的1路有轨电车全线通车。1918年10月31日,华商电车公司南车站至高昌庙之轨道竣工通车,并在半淞园设有专站。至此,铁路交通与市内轨交,节节畅通,高昌庙地区成为上海城南最重要的交通集散枢纽。而沈志贤作为华商电车公司以及改组后的上海华商电气股份有限公司的大股东,对于有轨电车的线路规划,事先一定了然于胸。

·图4-8,半淞园之景,《沪宁沪杭甬铁路第三期旅行指南》沪宁沪杭甬铁路管理局1922.1版(2)

自 1916 年至 1918 年，由沈志贤、姚伯鸿"经营两载"的半淞园，规划与创建绝非一时兴起的偶然决定，而是本地华商为"振兴南市商场起见"，配套布置、刻意经营的一手高着。将"设计新的城市交通线"与"公园位置、大小，以及边界的确定"联系起来考虑的思路，并非为西方的景观设计师所独有，① 对于熟谙时潮、精于地产投资的沈志贤、姚伯鸿来说，同样的思路也收效明显："南火车站前门自陈家桥至望道桥一段，素甚荒野，自半淞园开幕后，资本家近在该处荒地建造大批住房及沿马路市房，计有一百数十幢之多，顿成为热闹市面。"②

① 奥姆斯特德：《公园与城市的扩展》，收入《美国城市的文明化》，译林出版社 2013 年版，第 53 页。

② 《申报》，1921 年 12 月 19 日。

二、半淞园景观

　　"半淞"得名，取杜甫《戏题王宰画山水图歌》诗中的"剪取吴淞半江水"句意，郑逸梅所谓"其地靠近黄浦，与吴淞江无关"，③ 略嫌拘泥字面。"半淞"之名，既与"园内所开之池直达浦江"有关，更用杜甫的诗句点出姚氏"以诗情画意，写入园林"的巧思，尤属贴切，故园内亦专门悬匾介绍创办半淞园的缘起，使游客知晓该园取名之义。

③ 郑逸梅编著：《南社丛谈》，上海人民出版社 1981 年版，第 285 页。

图 4-9，半淞园大门口处的九曲桥

第 4 章 | 半淞雅韵

半淞园的景观设计，出自姚伯鸿之手，"亭台池沼，一切都依山水画稿，加以点缀"，将水景、假山作为园林的主体景观，由人工开挖园湖，延伸出数条河道，复将挖湖之淤土堆叠成假山，这种造园方式被后来不少公园一再效仿。有水，生出波光流动的气韵；有山，提升登临骋目的视野，这种"以人为之美入天然，以清幽之趣筑浓丽"[1]的造园理念，体现了姚伯鸿作为山水画家的艺术情趣，显然也符合多数华人游客的审美认同。一位初次来沪的游客，虽然对于上海"车马喧嚣，煤烟弥漫，无山林泉石之胜"表示遗憾，却格外赞赏半淞园"溪山林屋，丘壑井然，不啻画图。人力胜天，得未曾有！"[2]当时曾有人比较南北相对的徐园与半淞园，云："譬诸文，徐园如王半山（安石），半淞如汪钝翁（琬）；譬诸诗，徐园如宋诗，半淞如晚唐；譬诸画，徐园如罗两峰（聘）之山水，半淞如恽南田（寿平）之花卉"，相形之下张园简直是"欧化文、西洋画"了，[3]以汪琬文章、晚唐诗句、南田绘画作譬喻，可见半淞园迂回疏淡的清幽雅趣给人印象的鲜明。

[1] 语出朱启钤：《重刊园冶序》，文见陈植注释：《园冶注释》，中国建筑工业出版社1988年版，第21页。

[2] 林岳高：《半淞园记游》，《国大周刊》1926年第28期，第4—5页。

[3] 风厂：《徐园半淞园之譬喻》，《新上海》1925年第2期，第180页。

· 图4-10，半淞园湖心亭

整个半淞园时期，高昌庙附近的地理风貌一直保持市郊工业区的面目，甚至游客在登上假山之巅的凉亭后，触目所及，不仅看见"黄叶的树"、"碧绿的水"，"也看见高于一切的工厂烟囱，像没有空隙的宙宇"。[4]与工业区喧嚣纷扰的环境形成强烈反差的，正是半淞园内幽廊曲槛、花木扶疏营造出的一方清凉世界。对于"每天从朝至夜地在都市里生活着，

[4] 黄维焕：《半淞园》，《钱业月报》1934年第14卷第6号，第14页。

吸着煤烟气，听着机械的嚣音"[1]的城市居民来说，"本来上海没有可去的地方，但是比较起来还是南头的半淞园好，因为这地方总算有些山，有些水，布置得也很合宜，软红十丈中这半淞园实在可贵了"。[2] 澹雅脱俗的园林意境，多少能够调节紧张、烦闷的都市情绪，不仅成为造园者设计景观时的美学追求，也成为游园者欣赏景观时的心理投射。

[1] 黑婴：《半淞园的一瞥》，《申报》1934年5月4日。

[2] NC：《游半淞园的一瞥》，《申报》1923年7月18日。

图4-11，半淞园内"江上草堂"对面的茶室

与景观风格相呼应，半淞园中景点的名称，也带有诗情画意，诸如江上草堂、群芳圃、枕流轩、杏花村、碧梧轩、荷花池、九曲桥、藕香榭、水风亭、又一村、剪淞楼、迎飙峰、瞰江亭、花径、云路等。然而现代公园景点与传统园林景点相区别的特征在于，人们对于公园景点的关注，受到路线远近、开放时间等因素的限定，不再是分散、孤立和随兴所至的，公园景点被设计成一组布局有序的空间序列。以1930年商务印书馆出版的《增订上海指南》中的记载为例：

半淞园 高昌庙路。即沪杭甬南车站之东，华商电车可直达其门。门内有"江天揽胜"四字之横匾。入内，可循东西廊，沿池而行，廊壁遍嵌玻璃板所印之快雪堂帖。再进，有"尘境蓬壶"横额，左右可通。绕荷花池，南行，由九曲小桥过藕香榭，北行，则由长廊过群芳圃，往东，而皆至大厅，即江上草堂也。对厅为碧梧轩。绕廊出西月门，有又一村。由水风亭过桥，有牌坊，上有"云路"二字，即见有山有水。山有亭可登，而黄浦江在望；水有舟可乘，而水中央之亭，可棹以登。江上草堂之东，为杏花村酒店，

① 熊月之主编：《稀见上海史志资料丛书》，上海书店出版社 2012 年版，第五册，第 351 页。

即在别有洞天之中，茆屋也，坐而沽饮，颇极观山观水之乐。南行过桥，见"问津"二字，即买棹处。再南行，经山麓，至四面厅弹子房，又有湖心亭，地宽而有新空气，品茗佳处也。入园游资，小银币二角，童仆减半。茶资一人或二人，除江上草堂、碧梧轩、湖心亭，每壶小银币一角外，余皆铜元六枚。舟资以小银币计，每小时，大舟八角，小舟四角。园有照相馆，可摄影。并有花木及饰成盆景之花石出售。杏花村酒店外，尚有剪江（淞）楼、江华春两中西餐馆及素餐馆。①

· 图 4-12，半淞园之景，《沪宁沪杭甬铁路第三期旅行指南》沪宁沪杭甬铁路管理局 1922.1 版 (3)

这一版本的《上海指南》对于沪上园林的介绍，以半淞园与爱俪园两处最为详细，篇幅远超过同时的黄浦滩公园、法国公园、昆山公园、徐园等，半淞园的简介不仅交待交通条件、特色景点、餐饮场所、游资价目，更设计了方位感明确的游园路线，使读者不啻手执导游图一般，与其他园林介绍以景观主次作跳跃性的勾勒截然不同。此后 1933 年中华书局版的《上海指南》，几乎是照搬其内容而稍加裁剪。② 自然有经验的本地游客可以根据自己的喜好设计游园路线，但对于初游半淞园的外埠游客，亦即各种版本《上海指南》的读者来说，这种方位感明确的导游路线，无疑具有相当便利的提示和指引作用。

② 参见《上海指南》，第三编"上海生活·丁·公私园林"，中华书局 1933 年版，第 1/6 页。

三、园内活动

半淞园因具备交通的便利,且配有良好的餐饮设施,经常被地方官绅选作酬酢饮宴的场地。1919 年 9 月南北议和时,淞沪护军使卢永祥曾假座半淞园设宴,为北方议和总代表王揖唐洗尘。[1] 不仅上海的军警两界在此地联谊,因当时的海军司令部设在上海高昌庙兵工厂内,故此海军系统的军官宴会也经常选择在半淞园举行。上海地方绅商借半淞园与当地军政官员"藉联欢谊而商要务"[2] 几乎成为一种常态,此类活动经常要求加派临时岗警,客观上使地方的治安状况有所改善。

[1]《王揖唐抵沪纪》,《申报》1919 年 9 月 20 日。

[2]《明日半淞园中之盛宴》,《申报》1923 年 3 月 14 日。

· 图 4-13B, 卢永祥

· 图 4-13A, 卢永祥为南北议和代表王揖唐在半淞园洗尘,载《申报》1919 年 9 月 20 日,第十版

官绅热衷于在此宴会酬酢,但对于一般市民而言,半淞园最为赏心悦目、吸引游人的则是四季花会。本市的传统花会一向设在豫园,半淞园开业之后,尤其着意经营花展、花赛,每值芳时,园中花会之盛,冠于全邑。

半淞园开幕正值秋季,园内"自平地以达山顶,遍栽异种菊花,身入其境,荣英夹道,令人目迷五色,逸兴遄飞",天然的菊花山以先声夺人

第 4 章 | 半淞雅韵

① 《半淞园之菊花山》,《申报》1918年11月12日。

之势,立即给游客以深刻印象。① 此后每年11月中旬,园内必开菊花大会一次,在江上草堂陈列园中自栽菊花百余种,展期长达数星期,全城轰动,游人如织。春季兰花开放,则邀请艺兰名家将各自珍藏的春兰送至园内,百数十种上品春兰,次第陈列于江上草堂、湖心亭等处,供游人品赏。时人诗咏半淞园兰花会,云:

半淞园里小湖山,九畹春藏九曲湾。槛前迎风香队结,丛丛倚槛绿回环。素心人合金兰契,南面王联玉笋班。偏是多情罗谢辈,频邀蜂蝶闹花开。②

② 徐珵子:《半淞园兰花会》,《嘤声月刊》1921年第2期,第18页。

此外,值冬梅、牡丹、铁树应时开花,亦使荟萃于江上草堂,一时花色烂漫,沁人心扉。

· 图4-14,半淞园开放公告,载《申报》1918年10月1日,第十一版

曾有人比较过半淞园与张园之间游客层次的差异,云:"张园景点显得豪华,游人也是上海滩有头面的富商、政客、名妓,每日香车宝马云集,品花斗酒。半淞园因地处南市,游客虽也有一些上层人物,却以中产阶级的市民居多,也有工人、农民。"③ 因此,除了亭台楼阁、饮宴赏花之外,半淞园的经营者为了照顾不同游客的多种需求,在园内不断增添诸如气球演放、游艺大会、昆曲会、焰火表演、灯会、夜花园、溜冰场、弹子房、跑驴场、赛龙舟等饶有趣味的游艺项目,以吸引游人。这些游艺项目未必是半淞园所独创,但通过经营者的改良,定位更为明确,愈加适合一般市民的口味。

③ 杨嘉祐:《半淞园梦寻》,收入《花园里的上海世界》,上海辞书出版社2010年版,第117—118页。

1917年7月中旬，美国航空家比立士受邀在半淞园演放气球。虽时值傍晚，但园中仍炎热异常，亭下、树荫等处均为游客占满，气球将升空时，观众中有人甚至因酷热晕倒，但当气球在众人期盼中冉冉上升之时，观者皆报以兴奋的掌声，直至气球离地约五六千尺，气球中人打开降落伞，缓缓落地，更博得游客一片赞叹。此节目因受游客欢迎，在园中连续表演多日。①

与租界公园露天音乐会的乐声悠扬形成对照的，是半淞园里昆曲、京戏、滩簧等民族戏曲的抑扬铿锵。1921年华洋义赈会为筹集善款，假半淞园举行游艺大会，游艺节目包括改良苏滩、中国武术、文明新剧、魔术、昆曲焰火等，游客踊跃颇为成功。一些乐曲表演者不仅自带鼓板乐器，更仿古乐府形式，编"半淞园即景歌"，在湖心亭联弹合唱，别开生面，其受欢迎的程度，常常是"听者如堵，掌声雷动"。

① 《申报》1919年7月12日、1919年7月14日、1919年7月18日。

· 图4-15. 半淞园灯彩游艺大会，载《申报》1934年7月28日，第十二版

沪上自光宣之交起，流行夜花园，市民苦于暑夜烦热，喜好晚出遣闷，但多数夜花园游资甚昂（每票须售价一元），且项目单一，设施简陋，不能满足多数游客的需求。② 半淞园则于每年7月定期开放夜花园，时限两月，门票仍售二角，不另加价，营业延长至12时。园内除了平时的各种点缀之外，延请名角在四面厅演唱申曲，并在空地放映露天电影，每周三及周末共三天，更有焰火表演。夜花园中不仅"有情男情女在曲径中喁喁私话，有高贵的绅士率领妻女子媳而饱游夜园"，更多的是"男女工人，

② 熊月之主编：《稀见上海史志资料丛书》，上海书店出版社2012年版，第二册，第188页。

也到这园子里来吐一口气,恢复白天工作的疲劳"。[1] 入夜之后,"全园遍扎五色电灯,灿烂光辉如同白昼,加以荷花盛放,凉风习习,置身其间,暑气顿消",[2] 普通劳动者亦得以暂忘日间工作的苦热。园内还专门从浙江碛石王店特聘彩灯名匠,制备各类灯彩数百余座。每夜11时,开放焰火,焰火主题争奇斗艳,极尽巧思,不仅有"孔明借箭"、"水漫金山"、"鹊桥相会"、"济公捉龙妖",甚至有"一·二八战争焰火"、"阮玲玉自杀"诸种,火树银花,变化无穷。为了方便夜花园的游客,半淞园与华商电车公司协调,"于夜间一时余,加开西门小东门专车五班,往来载送",以解决游客夜间交通。此外,更"每日出版游园特刊,附印详细地图,以便游客按图索骥,一目了然",这些周详的配套设施,使得半淞园的夜花园被视作"沪地最经济最高尚之纳凉胜地"。

骑驴场在园北旷地近墙处,跑道以砂砾铺就,沿湖筑成,两侧"以竹篱范之,驴行于内,铃声琅琅,颇惹游人注意"。 于是"夹岸骑驴人几个,夕阳影照画桥西"[3]成为半淞园内一道别样风景。在北方游客眼中,骑驴出行仍然是日常交通的一部分,然而在上海都会之中,各种现代交通已经使骑驴代步变成一桩"稀罕的东西","所以人万一有了骑驴的机会,总得试试和坐在流线型汽车里的味儿有什么两样"。[4] "内地居民,艰于交通,或以骑驴为苦,或以操舟为劳,而沪上游客则出金钱,糜光阴,争试行之以为快",城市之中"红绿少年,三五结队,揽辔驱逐于驴子背上,驭控回旋,自鸣得意"[5] 竟然成为一项受人欢迎的游艺项目。在尝试骑驴游艺的游客中更有不少女性,跑驴场边"时有二三妙龄女郎,跨驴疾驰",[6] 既享受风景,亦装点风景。半淞园内"女子之骑驴者颇众",甚至被旁观者认为"沪人之自由平等于此可见一斑"。[7]

每年农历五月端午前后的三五日,半淞园内照例有龙舟竞渡的表演。端阳佳节是本埠最重要的民俗节日之一,政府、商界、学界等均放假一天,对于公园和游艺场而言,正是竞争游客的关键时刻。龙舟竞渡作为传统佳节的应时韵事,"一般人每喜携着伴侣,或挈着孩子们,前去观赏,彷佛参观什么盛会似的,兴致是十分浓厚,更不计路之远近,舟车跋涉而

[1] 影呆:《半淞园之夜》,《申报》1936年8月25日。

[2] 《半淞园今晚燃放特别焰火》,《申报》1935年8月10日。

[3] 东山散人:《游半淞园即景》,《晨钟》1924年第5期,第2页。

[4] 《上海半淞园看龙舟追记》,天津《益世报》1936年7月4日。

[5] 述先:《半淞园》,《真光杂志》1929年第28卷第7期,第63-64页。

[6] 醉痴生:《半淞趣屑》,《申报》1930年4月12日。

[7] 《卷筒纸画报》,1929年第4卷第186期,第2页。

前往的"。① 半淞园因为有水景之便，不惜以每天大洋四百元的代价，先后延聘嘉定、南翔、浦东、罗店各处的龙舟在园河中竞技献艺，招徕市民入园游玩。端午期间，半淞园门票翻倍，游资虽然涨价，但门票却包括慈善抽奖，"头标得汽车一辆，二标得包车一辆，三标得双飞脚踏车一辆"，"故园门拥挤异常，园内各处无不人满为患"。②

① 秋郎：《龙舟》，《申报》1939年6月18日。

② 《昨日端节之闻见种种》，《申报》1926年6月15日。

· 图 4-16，端阳节半淞园龙舟赛，载《申报》1924年6月7日，第十三版

历届端午游艺中，以1927年的龙舟竞赛给人的印象最为深刻。本年端午，正值北伐军攻占上海三个月之后，及民国政府上海特别市成立之前一月，虽然时潮激荡，但沪上市民联袂往观半淞园竞赛龙舟的热情，依旧高涨，南市华商电车甚至"因乘客众多，故下午各电车乘客挤满，竟无立足之地"。据时人记载：

是日也，适逢雨后天晴，园中空气，分外清鲜，而一切花草竹木，亦莫不欣欣向荣。久困于煤烟浊气中者，一睹此情此景，顿觉神怡心旷。既而锣鼓声起，乃绕道至湖心亭畔，见龙舟一双，荡漾湖中，鲜艳夺目。一名"浦东青龙"，龙之身体及头尾，均以柏枝及五色纸球扎成，中悬柏枝幡，龙作鲜蓝色。水手十四，分坐两旁，头包花布，衣红衣蓝裤，手中各执短桨。船头立有指挥者，戴一满插五色小绒球之草帽，穿老虎衣，鼻架眼镜，下装黑色短须，手执小蒲扇，不啻京剧中之小丑也。或起或坐，或奔或跳，

装出种种奇形怪状，观众莫不为之笑倒，而龙舟之进退也、快慢也，水手即依其姿势为标准。尚有白衣白帽之水手一班，人数亦为十四，时与红衣之水手，互相更替，俾可免于疲乏。一名"嘉定乌龙"，周身以木板制成，饰以五色旗伞，水手八人，戴草帽，衣蓝衣蓝裤，形若海军之制服。二舟或相向而行，或相并而赛，惟乌龙身躯较大，水手无多，而青龙则身体轻便，水手较多，故二舟之速率，大相悬殊，而一般看客亦大都注目于青龙。①

除了湖中的双龙竞渡格外精彩，吸引游客视线之外，当日"园门高悬青天白日旗"，以及"园中满贴国民党之标语及图画，五光十色"，更是"颇易引人注目"。此时南京国民政府成立未久，"上海既是国民政府'密迩京师，资为屏障'的门户，又是国民政府的财政支柱，国民政府的许多举措首先在上海酝酿、试行，然后推向全国"。②虽然北伐军时已进驻、接管上海，但"清党"余波未息，公园节日游艺因能吸引本埠民众的注意力，竟也成为宣传党义的有利时机。园中龙舟竞赛之际，忽有男女党员"手持五色标语嘱舟人贴于龙头龙尾"，"既而党员又出麻线串成之三角小旗数串，小旗之上写有'三民主义'、'天下为公'等字样，嘱舟人绷于彩棚之上，舟人亦只有惟命是听而已"，甚至半淞园前过往马路，也有务本女校之学生，"三五成群，手执白旗竹筒等物，分立要道，见有汽车马车驰过，必迫令停车，向车中人捐北伐之饷"。 此外，"是日来宾中军人亦不在

① 影呆：《记半淞园龙舟竞赛》，《申报》1927年6月7日。

② 张培德等著：《上海通史·民国政治》，上海人民出版社1999年版，第235页。

图4-17，半淞园之景，《沪宁沪杭甬铁路第三期旅行指南》，沪宁沪杭甬铁路管理局1922.1版(4)

少数",湖心亭为白崇禧之眷属包去,"门口则有武装之卫兵及警察看守"。①

半淞园端午龙舟竞赛的规模,当时报纸记载,自1923年之"七八千人之多",②到1926年"综计男女老幼游客当在二万左右",③以至1934年"往观者不下三万余人",④在上海可算首屈一指。即便后来毁于战火,多年之后仍有市民追忆"当时盛况,尚足回味,自此以后,沪上似乎未曾举行过此种盛事"。⑤

1928年3月12日为孙中山逝世三周年,南京国民政府因兹纪念,将是日定为"植树节"。国民党上海县党部于3月9日致函半淞园,协商"假借植树地点",并于3月12日下午二时在半淞园举行植树典礼,上海各机关团体以及各界民众到场者不下千余人,有演说、摄影、植树等活动。⑥据时人回忆:"此后几年中,这一天在园中还举行花卉展览、龙舟竞渡(在园外黄浦江上进行)、放焰火等节目。"

4月4日儿童节,是南京国民政府设定推行的节日,在这一天,半淞园免费向儿童开放。⑦1935年4月4日,上海《新闻报》及《新闻夜报》,在半淞园举行读者儿童游园大会,包场"招待儿童一万人,并有赠品分发儿童","庆祝典礼由主席汪伯奇致词,严独鹤报告,并由教育局代表孙育才及教育家陈济成等演说。旋由各学校学生及幼稚生参加歌唱表演,并有其他歌舞口琴等节目"。⑧

1928年10月10日,不仅是武昌首义、民国肇建的纪念日,更值国民党北伐告成,形式上全国的统一指日可期,于是国民党上海市党部组织部为庆祝起见,当日除在市党部举行升旗典礼之外,更要求各级党部代表、全市同志于午后在半淞园聚餐,并由党部颁发出席证书。⑨专门成立"上海各界庆祝国庆筹备会游艺委员会",直接指挥体育场、中央大礼堂、半淞园等三处游艺会的筹备工作,特派钱化佛至半淞园负责布置、编排国庆游艺项目。半淞园国庆游艺大会自1928年10月9日至10月10日连开两天,园内临时搭建"民权台"、"民生台"、"自由亭"、"平等坞",别具匠心。这一年国庆游艺大会,各处游艺场中最为热闹的当属

① 前引影吴:《记半淞园龙舟竞赛》。

② 《半淞园前昨之龙舟竞赛》,《申报》1923年6月19日。

③ 《昨日端节之闻见种种》,《申报》1926年6月15日。

④ 《半淞园·龙舟竞赛第一日记》,《申报》1934年5月7日。

⑤ 秋郎:《龙舟》,《申报》1939年6月18日。

⑥ 《隆重之植树典礼·上海县各界》,《申报》1928年3月13日。

⑦ 《今日全市庆祝儿童节》,《申报》1933年4月4日。

⑧ 《昨日第五届儿童节·两报庆祝》,《申报》1935年4月5日。

⑨ 《筹备国庆纪念》,《申报》1928年10月3日。

· 图 4-18. 半淞园之景，《沪宁沪杭甬铁路第三期旅行指南》，沪宁沪杭甬铁路管理局 1922.1 版 (5)

① 《今日典礼·游艺大会》，《申报》1928 年 10 月 10 日。

② 《前日庆祝国庆详记·游艺大会概况》，《申报》1928 年 10 月 12 日。

③ 转见王敏等：《近代上海城市空间（1843—1949）》，上海辞书出版社 2011 年 9 月版，第 16 页。

④ 《中西节日之热闹》，《申报》1928 年 4 月 6 日。

⑤ 《半淞园里风光好》，《申报》1928 年 6 月 23 日。

⑥ 邹依仁：《旧上海人口变迁的研究》，上海人民出版社 1980 年版，第 90 页。

半淞园，①九日上午开放后，游人络绎而至，约计人数有数万左右；十日"为国庆纪念，各机关、学校放假，故游人倍多，约有五万余人"。②

自 1928 年 6 月 1 日起，公共租界的昆山花园、虹口公园、兆丰公园、外滩公园一律向华人开放，6 月 18 日以后，法租界公园亦向华人开放，从理论上讲，华人从此可以自由购券进入上海任一公共园林。"据公共租界工部局园地总监报告，外滩公园单日游客一般多在五六千人以上。1928 年 6 月端午节那天，有 16436 人入园观看龙舟比赛"，③如果对比同年半淞园游客人数，清明节"达三万人"，④端午节"游客可二三万"，⑤双十节"约有五万余人"，单以数量而言，半淞园在沪上各公园中占有绝对优势。"1915 年至 1927 年，上海的总人数约在 200 万至 260 万之间。至 1937 年为 385 万"，⑥这意味着 1928 年 10 月 10 日，全上海几乎每 60 人中就有 1 人参加半淞园游艺大会。

1929 年底，南京国民政府决心废除旧历岁时年节，推行国历纪念节日，元宵、清明、端午、中秋等传统节日在名义上已成为"废历"，但半淞园内却照旧提供赏灯、品梅、踏青、龙舟等深受市民欢迎的民俗游艺项目；同时国民政府新增推行的节日，如"植树节"、"儿童节"、"国庆节"等节日在半淞园内同样并行不悖，于是升降旗帜、游行演说、张贴标语、高呼口号与观灯、修禊、竞渡、祀祖、赏月、登高等行为，可以在同一空间甚至同一时间内并置出现。此一阶段，革命节日与民俗节日之间，排异和对抗的现象并不明显，更多的是彼此渗透与推波助澜。

士人往来园林，以诗文结社的形式批评时政，大约是由明末的江南各地开其风气。史家陈寅恪论及明末陈子龙、徐孚远、李雯等人在松江城南门外的陆氏南园宴集结社时，云："几社诸名流之宴集于南园，其所为所言关涉制科业者，实居最少部分，其大部分则为饮酒赋诗、放诞不羁之行动。当时党社名士颇自比于东汉甘陵南北部诸贤，其所谈论研讨者亦不止于纸上之空文，必更涉及当时政治实际之问题，故几社之组织，自可视为政治小集团，南园之宴集，复是时事之坐谈会也。"① 这类以私家园林作为政治批评孵化器的情况，到了清末，借上海租界的屏障愈演愈烈。1900 年"中国国会"在上海租界愚园召开，② 1901 年又因反对俄约，沪上士人在张园两次集议，"数百人满口皆'流血、自主、自由、仇俄'等说"，被地方疆吏视为"把持国家政事，蓄谋甚深甚险"，密饬上海道台设法阻止。③ 近代上海租界私园内频繁举行的政治性集会，被视作中国城市空间政治化的高潮。尤其张园，更被学者作为晚清上海公共空间的范例，反复探讨。④

① 陈寅恪：《柳如是别传》，生活·读书·新知三联书店 2009 年版，第 287 页。

② 参见汤志钧：《近代日记三题》，《汤志钧史学论文集》，上海社会科学院出版社 2013 年版，第 248 页。

③ 《张之洞全集》，河北人民出版社 1998 年版，第 8542 页。又《盛宣怀档案资料选辑之七·义和团运动》，上海人民出版社 2001 年版，第 585 页。

④ 熊月之：《张园：晚清上海一个公共空间研究》，《档案与史学》1996 年第 6 期；《晚清上海私园开放与公共空间拓展》，《学术月刊》1998 年第 8 期。

· 图 4-19，半淞园之春，《图画时报》第 356 期

然而以彼量此，半淞园从创建时间、地理位置和空间设计上，原本并不具备成为政治化公共空间的时机和条件。半淞园开幕的前一年，适值张

勋复辟，1917年6月9日淞沪护军使卢永祥饬令淞沪警察厅取缔集会结社。同年7月9日卢永祥宣布是日起实行戒严，并公布戒严条例，其中即包括"禁止集会结社"。7月20日，法租界总巡饬令："本界居留之华人，无论何种团体集合开会，应加取缔。"7月27日，工部局发出布告："本租界内凡与风治有关之会议，如未奉本局特准，一概不许开会。"1918年3月14日，工部局出示，自即日起，凡公共场所不得于未经工部局允许之前，擅自举行有政治性质或发表政治演说之会议。实际上半淞园开幕之时，上海三界之内各种政治集会和政治演说，名义上均已遭官方取缔，市民公共空间的政治对抗功能被压缩至最低点。半淞园因地处华界，缺乏租界的制度屏障，所以从开园伊始，就基本只承载市民娱乐空间的功能。相反张园之所以"开会演说，斯为独绝"，原因之一又与园内安垲第（Arcadia Hall）的"亚空间"结构关系密切，彼处"中央平坦，四周有楼，上下可容千人，故凡开会演说，恒有赁此者"，因此能汇拢听众方便演说，而半淞园内"水域面积约占总园面积的一半"，即使是园内较大的"亚空间"，如"江上草堂"、"四面厅"等，在集会演说的功能规模上亦绝无法与张园安垲第相比。因此，半淞园内的团体活动多数为规模相对较小的联谊会、谈话会、送别会、纪念会、成立大会、团体年会等，政治集会则集中在个别年份。今据《申报》所载，将半淞园内社团活动条列如下：

表4-1 半淞园内社团活动一览

社会团体活动名称	时　间	活动性质
全国教育联合会茶话会	1918年10月10日	联谊会
江浙水利联合会成立大会	1919年3月16日	成立大会
上虞旅沪学会成立大会	1919年4月20日	成立大会
旅沪留日学生谈话会	1919年6月3日	谈话会
孔教会上海支会欢送清华学生赴美游学	1920年8月21日	送别会
穆藕初家庭日新会	1921年5月10日	谈话会

续 表

社会团体活动名称	时 间	活动性质
中国广告公会秋季交谊会	1921年10月1日	联谊会
上海律师公会招待国际律师协会各国会员并开欢迎会	1921年11月3日	联谊会
沪南学商公会职员常会	1921年11月15日	团体年会
浦东同人会临时大会	1921年11月20日	送别会
上海学商公会年会	1921年11月20日	团体年会
南洋公学新旧同学恳亲会	1922年2月26日	联谊会
妇女节制协会友谊大会	1922年5月15日	联谊会
晨光美术会第二次展览会	1922年6月15日至20日	美术展览会
上海求新厂职员体育会成立大会	1922年9月10日	成立大会
复旦大学毕业生叙餐会	1922年11月26日	联谊会
宁波旅沪学会聚餐会	1922年12月10日	联谊会
海属淞沪学友会聚餐会	1923年6月19日	联谊会
由京到沪议员恳亲会	1923年8月3日	政治集会
南下国会议员宴请报界及其他各团体	1923年8月6日	政治集会
中华武术会体育师范暑期学校同乐大会	1923年8月9日	联谊会
国民党南下到沪议员欢迎大会	1923年9月5日	政治集会
浙奉代表宴请两院议员	1923年9月8日	政治集会
南下护法议员宴请本埠各团体及新闻界同人演说	1923年9月14日	政治集会
南下参众两院宴请本埠各法团各省代表及新闻界同人大会	1923年9月19日	政治集会
旅沪皖学生欢迎被难回国留日同学慰劳大会	1923年9月25日	政治集会
上海川民自决会改选大会	1923年10月14日	政治集会

续表

社会团体活动名称	时 间	活动性质
南市两路商联会之交谊会	1923年12月4日	联谊会
上海学商公会联席会	1924年4月13日	团体年会
徐州八邑旅沪同乡会欢宴会	1924年3月23日	联谊会
麻省理工大学同学会常会	1924年4月13日	联谊会
浦东公所职员会	1924年6月21日	团体年会
书画保存会三周年纪念大会	1924年7月13日	团体年会
上海军警政界关于淞沪警饷问题讨论会	1925年11月6日	谈话会
宜兴旅沪同乡会同学欢送会	1925年11月20日	送别会
友声旅行团之游园会	1925年6月1日	联谊会
东路军前敌总指挥部政治部特务组长尹子衡在半淞园勉励各同志	1927年6月6日	政治集会
第二路总政训部科务会议同时开联欢会	1927年7月22日	政治色彩联谊会
国货运动大会	1927年8月5日至20日	展销会,有相当政治色彩
亚细亚民族大同盟预备委员会	1927年11月4日	政治色彩谈话会
上海县党部县政府公安局教育局建设局及各界假半淞园举行植树典礼	1928年3月12日	政治色彩节日活动
国民党上海党务训练所同学北伐宣传队欢送会	1928年3月24日	送别会
国货同志全义会夫妇联欢会	1928年6月9日	联谊会
大同学会欢宴会	1928年6月17日	联谊会
淞沪警备司令部政治训练部新年军人联欢大会	1928年12月17日	联谊会
特别市政府召请海外到沪出席各代表	1929年3月6日	联谊会

续表

社会团体活动名称	时间	活动性质
川路股东旅沪联合会筹备会	1931年7月2日	成立大会
社会教育两局大中小学校代表举行联席会议	1935年11月16日	谈话会
江南造船所工会十周年纪念会	1937年5月1日	纪念会
上海采访记联谊社社员联欢会	1937年6月21日	联谊会

资料来源：《申报》相关记载。

其中三分之一以上为团体联谊会，考虑到社团联谊未必都在报纸刊登广告，这种性质的聚会活动实际比重应该更大。又因半淞园位处交通集散地，同人好友选择在这里相聚送别的也不在少数。1920年5月8日毛泽东同新民学会会员萧三、彭璜、李思安等，欢送即将赴法的陈赞同等六位会员，在上海半淞园开送别会，并在雨中留影，"淞江半水，绿草碧波，望之不尽"与同志送别的气氛颇为合宜。①

① 中共中央文献研究室编：《毛泽东年谱》，中央文献出版社2002年版，第64—65页。

· 图4-20，1920年5月8日毛泽东在半淞园欢送赴法勤工俭学的新民学会会员，选自《南市区志》

政治集会则集中在1923年曹锟贿选，国会议员南下护法之时，以及1927年北伐军占据上海之后，两个时间段中，其间1927年8月5日至8月20日召开的国货运动大会尤其值得注意。

第4章 | 半淞雅韵

1927年7月10日，南京国民政府上海特别市成立的第四天，国民党上海市党部商民部即派代表，持函面晤半淞园经理，商请假借场地，举行国货运动大会。半淞园方面当即"允予免费假借两星期"。稍后，又由商民部出面，商请华商电车电汽公司开放老西门至半淞园专车，并免费供给电流且装置园内电灯。7月28日由市党部妇女部派员赴半淞园"贴标语万余张，以唤醒民众"。同日，商民部召集全市国货工厂代表召开大会，商定半淞园国货大会展位，并议决各厂认定款项交付时间等各项议案。7月30日，商民部国货运动委员会，确定自8月5日起，举行国货运动大会两星期，附设临时国货商场，并议定《商场组织大纲》十二条。7月31日，由特别市党部派专员，"向半淞园经理姚伯鸿接洽，筹备场内分设国货陈列所八十处，每处纳费二十元，门票仍照原价二角，并有影戏、文明戏、跳舞、焰火等游艺以助余兴，每晚以十一时为止。所有场内电灯一切装置，商请华商电气公司义务担任，每夜电车亦展至一时为止"。①

① 《半淞园国货运动会筹备将就绪》，《申报》1927年8月1日。

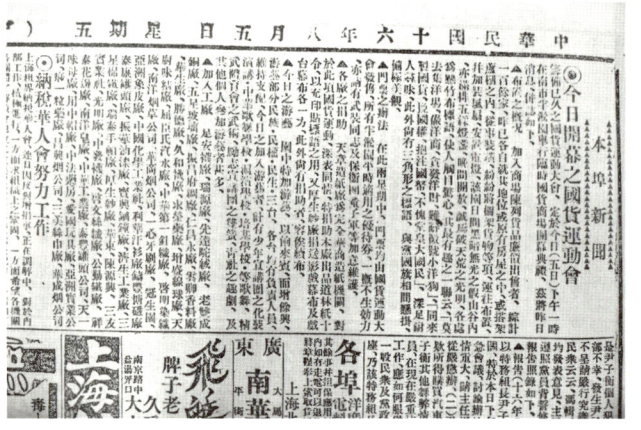

·图4-21，半淞园内举办国货运动会，载《申报》1927年8月5日，第十三版

1927年8月5日，筹备已久的国货运动大会正式开幕。半淞园门外以电灯缀成"国货运动大会"六字，正门悬挂对联云："诸君到此何为，岂真啸傲园林游目骋怀恣娱乐？""民众责任所在，惟有提倡国货同心协力振中华！"园内安装搭建展棚、货架、风扇、电灯等设施，各国货厂商陈列货品，综计一百余家。园内各通道走廊中，国货商号之摊铺，到处皆是，墙壁上则贴满"劝用国货"的种种标语。

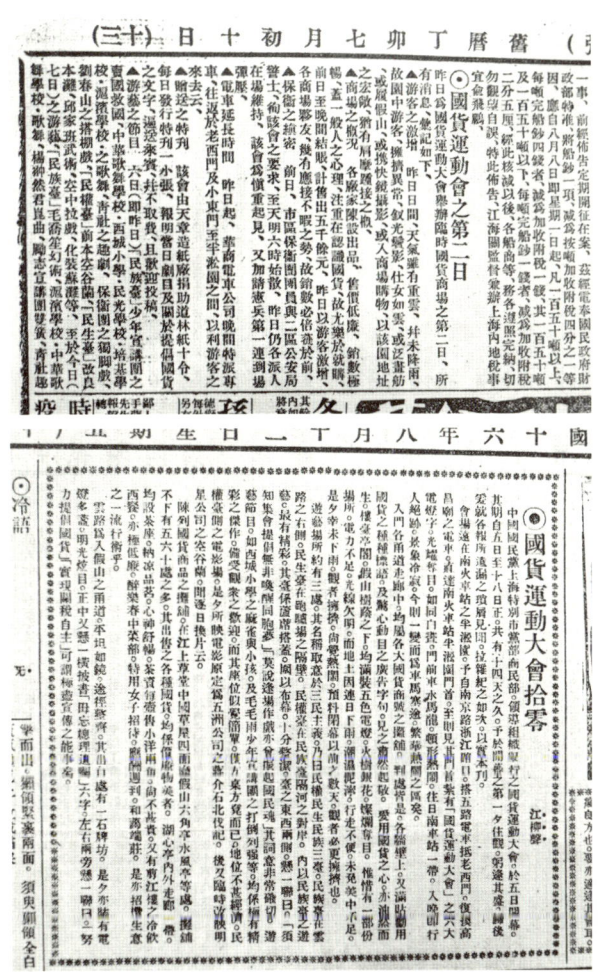

· 图 4-22，半淞园内国货运动的报道，载《申报》1927年8月7日，第十三版

· 图 4-23，半淞园内国货大会盛况，载《申报》1927年8月12日，第十六版

开幕当日，适值"细雨纷霏，已而大雨如注，然来宾仍纷纷莅止，仍至形踊跃"。下午一时，举行开幕典礼，正厅会场中，悬挂孙文遗像，左右交叉党旗、国旗。上海政商各界五百余团体，两千余名代表参加。开幕式首先奏乐，次向国旗、党旗、总理遗像行三鞠躬礼，再恭读总理遗嘱，继由代表先后演说，最后全体高喊口号而礼成。

园中游客踊跃，各国货厂家以七至九折廉价出售，"故购物者亦踵趾相接"。此外，园中特设游艺项目以饷来宾，取"三民主义"名称搭建"民族"、"民权"、"民生"三处舞台，上演歌舞、独角戏、戏剧、武术等节目。其中"民权台"，初定放映影片《蒋介石北伐记》，后因故临时改映影片《空谷兰》，此后逐日换片。夜晚，园内燃放"革命化的焰火"。①

① 参见《申报》1927年8月5日、8月6日、8月7日、8月12日、8月16日相关报道。

① 葛凯：《制造中国：消费文化与民族国家的创建》，北京大学出版社2007年版，第57页。

② 《国货运动大会开幕宣言》，《申报》1927年8月6日。

③ 《国货运动会余闻》，《申报》1927年8月20日。

④ 参见安克强：《1927—1937年的上海：市政权、地方性和现代》，上海古籍出版社2004年版，第27—28页。

　　早期抵制洋货、提倡国货的运动，例如"抵制俄国的运动（1901—1905年）、收回路矿权利运动（1905—1911年），以及1905年的反美爱国运动"，"常是由当地绅士兼商人领袖领导"。① 而1927年半淞园国货运动大会，却是由上海特别市党部商民部这个"党治下的临时组织"直接领导、推动和组织，整个运动期间，党义宣传与国货提倡自始至终夹缠一体。南京国民政府宣告自当年9月1日起，实行裁厘增税、关税自主，被舆论宣传为"为人民谋利益之国民党"取消不平等条约及打倒帝国主义之首要策略，"所谓'擒贼擒王'者是也"。打倒帝国主义、争取国家主权自由与国内工商发展、改善民生之间，推进递演，则民众"今后唯一职责，即拥护中国国民党及国民政府而参加革命，以完成总理未竟之志"，② 更进一步，"同胞们随时随地要拥护国货运动，尤其要拥护中国国民党党治下的组织"。③

　　1927年6月端午龙舟竞赛，正值黄郛担任上海特别市市长时期，虽也有党员宣传，但位置最佳之湖心亭却被桂系军事领袖白崇禧之眷属占据。此后1928年10月10日国庆纪念，则已经处于代表桂系集团利益的张定璠主政时期，而"上海各界庆祝国庆筹备会游艺委员会"亦不直接隶属于地方党部。1927年8月12日蒋介石为桂系所迫，以北伐失利辞去国民党革命军总司令职，当晚离宁抵沪，次日在沪发表下野宣言。此日恰逢半淞园国货运动大会期间，"民权台"原定放映的《蒋介石北伐记》临时改换他片，原因应即在此，8月黄郛辞职也与蒋介石引退直接相关。此时国民党地方党部抓住一切借口，尤其是有关国家主权之问题，积极组织抗议运动，④ 强调其与国货运动的联系，也正是强调其合法性、正当性，进而努力摆脱桂系势力的掣肘，不断扩大对于民众的动员、组织能力，以及对地方商业的渗透、控制能力。

　　半淞园因地处华界，缺少制度缝隙，故从开园之始就注定不会成为一个典型的政治化公共空间，但其经营者自卢永祥时代起，便善于联络官商感情，至国民政府时代，对于各项政治宣传活动亦能予以积极配合，而国民党地方党部和市政府政治资源的介入，实际帮助和推动了半淞园的成功经营。

四、经营·印象·影响

除了中国特色的园林景观、丰富多样的游艺项目以及政治势能的推波助澜之外,半淞园的经营成功,与自身积极灵活的商业策略亦密切相关。公园收入除了门票之外,相当可观的部分是园内餐饮、娱乐等各项附属产业向公园缴纳的租税。早期为吸引商家入驻,半淞园内各商铺"向有专利之权",即特许经营权,随着公园营业的渐趋兴旺,自1922年元旦起,公园决定"除中西菜馆、香烟、照相、弹子等商店仍有专利权外,其余商店一律取消专利,任人分设",① 部分开放特许经营权,不仅扩大公园附属产业的规模,同时能引入良性竞争,而保留特许经营权的商铺,亦会想方设法招徕游客。

园内香烟销售,向由乐树滋设立的"乐崇德"号特许经营,专销南洋兄弟烟草公司及各种国货香烟,生意甚为发达,1928年更在园内草地中设立赠品部,定名"乐得用",分赠购烟廉价券及花露水,吸引游客纷至沓来。② 半淞园内除了形形色色的户外广告牌之外,商业推销尤以发送赠品最为有效。1926年端午前夕,半淞园主在《申报》刊登广告,征求本埠商家,凡有意随门票附送赠品,"除香烟一项外"均可接洽。③ 当年端

① 《半淞园取消专利之商店》,《申报》1922年1月7日。

② 《申报》1928年2月26日、5月29日、1929年4月1日。

③ 《半淞园征求各厂附送赠品》,《申报》1926年5月25日。

· 图4-24,半淞园游记之半淞园的一瞥,载《申报》1934年5月4日,第十七版

午节游客"综计男女老幼游客当在二万左右","西国男女亦占十之一",自然成为商家广告必争之地。半淞园内发送赠品的不仅有国货商家,也有国外商家,美商棕榄公司[1]为当时美国最大之香皂厂,自1923年起即"因南市半淞园游客甚众",定期在园内分发"该公司之棕榄样皂,不限数目,一律赠送",并于1931年5月在半淞园举行棕榄游园联欢大会,游客免费进园。[2]此外,如万国储蓄会之分会、大华公司之香妃牌化妆品、家庭工业社之蚊香及天香水、烟台啤酒、松鹤轩陶器等,在半淞园内均有赠品发送、游艺促销之类广告宣传。

商业化运作固然带来营业兴旺,同时亦具有双刃效应。有游客记载:"进了门,才转弯,忽的从后面塞来了一张传单,接着要我买一包'龙虎牌人丹',我因为也需要,就买下了。进了二门口,还有赠送什么油的样品。但,一进了二门,要不是看在四毛大洋份上,我早已掉头走了。"[3]此外,园内的赌摊,更引起不少游人的反感,"人家多说半淞园的好处在乎没有杂耍,清净得很,我以为其中各项摇彩摊未免太多了。东也有几家,西也有几家,游客经过的时候,他们狂喊摇彩,实在讨厌得很,我极其盼望他们取缔",[4]"即有五六设小摊者,大都不脱赌博性质,事虽至小,吾以为如是清雅处,不宜有此"。[5]梁得所曾经比较当时的法国公园和半淞园,认为:"半淞园地方虽不大,却也有山有水。园中景物和建筑大体是中国古式,可是多少有点现代化了。而最触目的是安在路角池边的广告牌。什么Capstan香烟、美女牌葡萄干、柯达照相机——大块大块的画得五颜六色,这些广告,把半淞园点缀起来,使一般想避开都市的喧闹而来园林中精神休养的游者,反而更触起了烦嚣的苦闷。"[6]后来郑逸梅将半淞园形容为"洋化兼着古化,不同寻常",[7]其中"古化"当指园内景观设计而言,而"洋化"恐怕是对半淞园浓郁商业氛围的含蓄表述。这也导致半淞园在游客心目中,从公园向游艺场的转变,时人感受"(半淞)园中水木清华、溪山明秀,在此软红十丈中已非易得,惟小摊林立,为状乃类游戏场,未免为园林之玷,有识者咸作如是感想也"。曹聚仁索性讲:"(半淞园)事实上等于郊外的游艺场,入园要买门票,和其他游

---

[1] 即The Palmolive Company,1953年与高露油合并,成立高露洁棕榄(Colgate-Palmolive)公司。

[2] 参见《申报》1923年7月8日、1923年7月22日、1925年5月24日、1926年5月25日、1931年5月22日、1934年4月28日相关广告。

[3] 前引《上海半淞园看龙舟追记》,天津《益世报》1936年7月4日。

[4] NC:《游半淞园的一瞥》,《申报》1923年7月18日。

[5] 蒋介民:《游半淞园之观感》,《申报》1921年4月8日。

[6] 梁得所:《从法国公园到半淞园》,《汎报》1927年第1卷第5期,第16页。

[7] 郑逸梅:《半淞园往迹》,《历史文化名城——上海》,上海社科院出版社1988年,第188页。

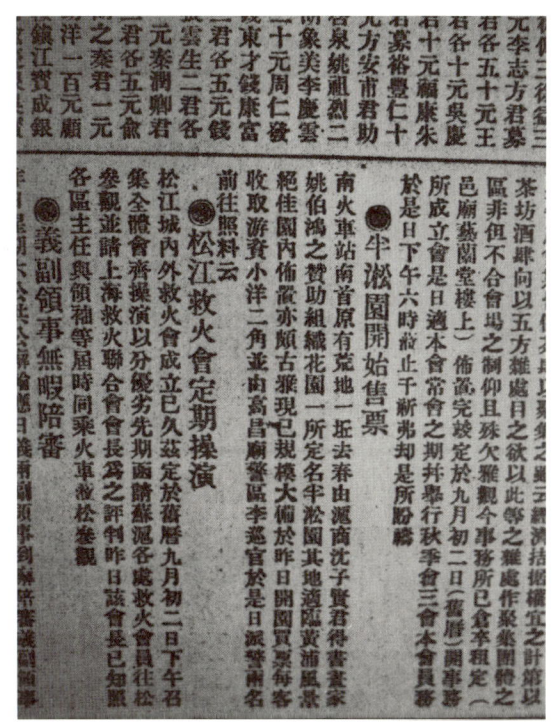

图 4-25，半淞园售票刊报，载《申报》1918 年 10 月 6 日，第十一版

艺场差不多，只是舒畅一点而已。"[1] 早在半淞园开幕之前，杜亚泉即曾于《东方杂志》撰文，讨论上海的游场与公园，认为"西人之设立公园，所以陶冶国民之性情，高尚国民之品格，而上海游场，则殊无此等作用"，又因"上海游场，则全以人为之美充之"，贬之为"变相之公园"，"宜保存天然之美，不可以人为之美破坏之"[2] 一语，大概也道出后来不少半淞园游客的心声。

半淞园的门票，定价二角，此后又发售常年游览券，每券售洋二元，门票单价与1928年公共租界内五个公园开放后的价格相等，当时唯独"法租界的公园，每人每次的入园费是1元，全年的通票也是1元"。向华人开放后，法租界公园和公共租界门票售价的差异悬殊，曾引得久居上海的日本人内山完造感叹："'多么法国人的作风啊！'可再看看公共租界的制度，又明显是壮年期英国实际主义者的作风。"反观"被公园开放的时代风潮吹化的中国人，对于这种制度一句怨言都没有"，"这般沉默的

[1] 曹聚仁：《上海春秋》，生活·读书·新知三联书店2007年版，第280页。

[2] 伧父：《游场与公园》，《东方杂志》1917年8月，第十四卷第八号，"谈屑"栏。

① 内山完造：《上海漫谈》，收入《上海下海——上海生活35年》，陕西人民出版社2012年版，第125页。

② 蒋介民：《游半淞园之观感》，《申报》1921年4月8日。

③ 克莱尔·库珀·马库斯、卡罗琳·弗朗西斯编著：《人性场所——城市开放空间设计导则》（第二版），中国建筑工业出版社2001年版，第82页。

④ 鲁轩：《高一上组会半淞园郊叙记》，《光华附中半月刊》1933年第9期，第97页，初中二年级生周芬：《游半淞园记》，《江苏省立第二女子师范学校校友会会刊》1924年第17期，第14页，初中二年级生翁思庆：《游半淞园纪事》，《爱国：爱国女学校校友会年刊》1924年第1期，第346—347页。

⑤ 柳亚子：《南社纪略》，上海人民出版社1983年版，第88—90页。

⑥ 芷畦：《望后一日南社十八次雅集于半淞园即示同座》，《申报》1922年6月17日。

中国人"不禁使内山再次感叹："中国人也是壮年期的实际主义者啊！"①法租界公园一方面以单次1元门票的高价拒绝普通苦力入园，另一方面又以1元通票的廉价接受"那些以前免费入园的外国人和新获得入园资格的中国人"入园，其中既有法兰西式的傲慢与武断，也带有法兰西式的狡黠与玩笑。以此为比照，门票仅售二角的半淞园内，因为游客时有破坏绿化的行为，却不得不在园内花木旁悬挂木牌，提醒游客擅折花枝"罚银一元"。"于此一端已可见我国人之人格为何如，本埠白大桥花园不准华人入内，亦有因此者。但半淞园之悬木牌于花枝，事虽防患于未然，吾恐游客中亦未必皆如是也。要之我愿国人于公共娱乐之场，相与注意，将此无数木牌，悬之心窝，而撤除于众目照彰之处，免人顾虑。"②换言之，时人已能理解公共娱乐空间的准入前提，其实不在于国籍身份、社会地位，而在于入场者是否举止得体、合乎规度。

半淞园的游客中，不仅有官商士绅及中等收入以上的城市阶层，更多的是普通市民，乃至高昌庙工业区内胼手胝足的一般劳动者。近代公园"当与人人公之"的理念，自然应涵盖妇女、儿童、老人、低收入者、不同文化群体成员的特殊要求和价值观。③与沪上其他公园相比，本埠及近郊地区学校儿童多喜欢选择半淞园作为春游远足和夏季露营的场地，因此也留下不少以半淞园郊游为题的学生作文。④

沪上文士借半淞园修禊登高，联袂觞咏，每使园林生色。半淞园文社雅集中，最著名的当是1922年6月11日南社第十八次雅集。5月底，南社即预先在《申报》刊登启事，此时正值南社转型，社务停顿之时，但仍有高旭、顾旦平、胡朴安、朱剑芒等二十三人出席参加。⑤当日与会的周芷畦有诗纪事云："翳翳林泉隔市喧，偶然修禊到名园。风云燕北伤时泪，花月江南对酒言。盛事空余觞咏集，胜游合借画图存。春风桃李知何处，微叹光阴过客论。"⑥南社核心人物之一的高燮没有参加此次雅集，却于同年10月28日重阳佳节，与叶楚伧、许盥孚、钱念慈、刘山农、王均卿等四十余人，以"研究文学发扬国粹，陶养性灵扶持气节"为宗旨，在半淞园发起成立沧社，而姚伯鸿本人也是沧社社员。沧社以每年上巳、重九二日为雅集常期,或遇四时佳日、乐事赏心为临时雅集,"雅集处上海沪杭车站南半淞园"。① 壬戌重九沧社第一次雅集,社员合影中更有姚伯鸿及夫人照像,② 社员许盥孚曾写诗恭维姚伯鸿,称其"丹青笔思妙摩诘"。除了沧社之外,姚伯鸿亦是鸣社的社友,早在沈家花园时期,鸣社即经常借地联谊,③ 移至半淞园后,鸣社社课结集有以半淞园为题装裁成册者。④ 此外,园内还有赵苕狂、成舍我、包天笑、周瘦鹃、严独鹤等小说家交流文艺之青社,赵眠云、丁翔华、杨守仁、徐卓呆等展览书画之星社,上海各大报附刊撰稿人组成之"文艺之友",戈登路文治大学文科学生组织之雯社,林林而群,各擅胜场。

① 参见《申报》1922年10月28日、11月6日、1924年3月30日、1924年3月31日"沧社启事"。

② 《沧海》,1923年第1期,第1页。

③ 前引杨嘉祐《半淞园梦寻》。

④ 郑逸梅《记鸣社》,《申报》1948年6月28日。

·图4-26,桃花初放的半淞园,《图画时报》第348期

半淞园内另一幅引人注目的文人群像,当属蛰居于沪的前清遗民。半淞园刚一开张,即有遗民联袂而来。1918年10月8日《郑孝胥日记》载:"至高昌庙路游新开之半淞园,土山高约五六丈,河流曲折,可以小舟行半点钟,游人颇多。"⑤ 这也是目前所见最早的半淞园游客记录。同年

⑤ 劳祖德整理《郑孝胥日记》,中华书局1993年版,第1748页。

11月10日，郑孝胥再至半淞园，遇见吴仓硕、汪钟霖、夏敬观、袁思亮、周庆云等人。己未（1919年）重阳，郑孝胥又与陈容民、唐晏、王乃徵、冯煦、宋澄之、王叔用、余肇康等人赴半淞园登高并摄影。并于10月15日补填《水调歌头》一首，云："我辈行俱老，今日又重阳，登高举首长望，何处是吾乡！天外浮云宫阙，落日江湖鱼鸟，心事郁悲凉。对酒不能饮，羞见菊花黄。夜枕戈，朝运甓，暗思量：八年面壁不出，万事付苍苍。还我高秋云物，哀汝名园士女，偶出更须狂。照影吾欲去，相惜鬓边霜。"其后，同辈"一元会"亦有在半淞园举行。而姚伯鸿为了招揽名流，慕名请求郑孝胥题额，先后赠送其游券和常年游券，郑孝胥则报以"海天鸿雪"、"绿野草堂"扁额两幅。①

"园林成为诗歌表现的内容，与中国诗歌本身一样历史悠久。"② 半淞园中廊壁之上，多镶嵌石刻诗词、碑帖，"诗词则清新可诵，碑帖则苍松劲老，琳琅满目，美不胜收"，③ 与园内景致相得益彰。唐代诗人王维和裴迪创作的《辋川集》，"开创了用一组诗歌分别描绘园林各个景点的传统"，④ 这种以诗歌形式按空间序列描摹园林胜景的传统，在以半淞园为主题的诗歌中亦有所表现。1920年胡朴安创作《游半淞园诗四首》，七言律诗，诗前均有小序，分别吟咏园内"西山一角""迎飔峰""倚山楼""瞰江亭"多处景点，以"迎飔峰"为例，小序云："西山最高处，怪石二丈余，突起成峰，晴浦天清，阴云浪浊，风飔上下，总与峰迎。仁和高邑之书径二尺'迎飔'两字，勒峰侧面，洵实录也。峰傍一草阁，晨夕坐之，心神自旷。"诗云："剪取吴淞水半江，微茫飔影白鸥双。荡胸云气天低树，映槛风光人倚窗。怪石成峰能隐雾，大风吹浪忽迷艭。渔翁不解兴亡恨，一曲梅花笛里降。"⑤

有研究者曾经论及"在上海诸多名园中，半淞园算不得十分起眼，但它却连接着新旧文学的两端"，并举1921年夏，茅盾、郑振铎、郭沫若三人在半淞园中第一次会面为例。茅盾在自传中回忆，诸人"在园内边走边谈"，"天南地北地闲聊，有时也在道旁的长椅上坐一坐。午饭就在园内的一家餐馆里用，餐厅紧邻池塘，从窗口望出去能见到一池荷花。"⑥

① 劳祖德整理：《郑孝胥日记》，第1812—1813,1946,1958页。

② 杨晓山著：《私人领域的变形》，江苏人民出版社2009年版，导论，第3页。

③ 戚瑞香：《游半淞园记》，《墨梯》1923年第6期，第52页。

④ 杨晓山著：《私人领域的变形》，江苏人民出版社2009年版，导论，第12页。

⑤ 胡蕴玉（朴安）：《游半淞园诗四首》，《俭德储蓄会月刊》1920年第2卷第1期，第47页。

⑥ 叶中强：《游走于城市空间：晚清民初上海文人的公共交往》，《史林》2006年第4期；茅盾：《我走过的道路》（上），人民文学出版社1984年版，第202页。

其实关于半淞园不仅有大量旧体诗词留存，在当时的《创造季刊》、《民国日报·觉悟》上，都发表过以半淞园为题的新诗。1922年创刊未久的《创造季刊》上就发表了两首同名为"半淞园"的新诗，其一云：

和风自云鸟吹来，／暖日在青空照耀，／一切有生之伦，／都被春神醉软了。／半淞园的柳丝花朵，欢喜得低昂，颤袅，／那泓葱黄色的池水，也在轻轻地舞蹈！①

另一首的末节云：

在如带的溪中，／泛着两只小艇，／醉人的春风徐徐吹着；／无力的柔桡软软摇着；／我们歌，我们笑，／在自然的怀抱中，／梦一般的游行！②

前期的创造社的作品，追求"艺术至上"，表现更多的是自然主义、浪漫主义的生命律动。1921年《民国日报·觉悟》发表署名"惊迟"所写《游半淞园》的新诗，云：

何谓"半淞园"？／"剪得吴淞半江水"；／何谓"无尽藏"（诗注一：是门口的一块匾）？／"藏着无穷天然美"。／几叠矫揉造作的假山；一泓横汙行潦的曲水；／数折涂红抹绿的桥栏；一带装潢点缀的草舍。／江边楼上；／烹庖；炙脍，楼下江边；／倚红；偎翠，／说什么"真、善、美"？／曝尽了"人间诈伪"；／说什么"无尽藏"？"凡工役人等一概不许入内"（诗注二：是门口的禁条）。③

1924年邹政坚发表《游半淞园》，其中末一节云："饱赏了，／万红千紫；／踏遍了，／石级木桥。／倦游乐的人，／饮醉了酒一般，／所余的／只是昏沉沉的头脑。"④ 显然对于园林风雅的警惕、厌倦和批判，表露的是此时都市知识分子头脑中阶级意识的萌芽、懵懂与自觉。其实无论旧诗的牢骚意气、悲秋伤春还是新诗的生命律动、阶级意识，在花木扶疏的半淞园内都不妨有一席之地，毕竟："优雅底园林，／是我孤寂心情的好伴侣；／半载重逢，／这孤寂底心情，／有无限底舒畅！"⑤ 正如梁得所之言："半淞园不会完全'现代化'和'物质化'，为的是墙头壁上尚有许多题诗留句，这些诗句，把半淞园点缀起来，表现游山玩水的雅人韵事，使人一见而

① 《创造季刊》1922年第1卷第2期，第111—112页。

② 《创造季刊》1922年第1卷第2期，第166页。

③ 《民国日报·觉悟》1921年第4卷第11期，第3页。

④ 《民国日报·觉悟》1924年第6卷第19期，第4页。

⑤ 学清：《游半淞园》，《蜀评》1925年第6期，第81页。

① 梁得所:《从法国公园到半淞园》,《汎报》1927年第1卷第5期, 第16页。

② 编纂委员会编:《上海园林志》, 上海社会科学出版社2000年版, 第84页。

③ 柯定盦:《游半淞园》,《申报》1928年4月10日。

联想到我国上下数千年'懿（猗）欤休哉'的精神文化。"①

半淞园的游客中，多数会在游园后摄影以志纪念。"当时园林摄影仅剩徐园一家，加之半淞园有山高水广的优势，摄影取景的条件较好，来问津者不乏其人。"② 于是妇女、儿童、骑驴游艺、文社雅集、园内风景、纪念活动等，都留下大量影像。其中以假山为背景的"宝塔式摄影"特别受到游客的欢迎，"假山极高，诸生攀缘登其巅，相沿而下，状如宝塔，教师则立于其下，镜头置对岸。吾知是片洗出，当大可观也"。③ 不仅相片中的主角、配角各自"藉寸幅之纸以留鸿爪"，即便在半淞园遭战火焚毁之后，园林本身亦通过照片为后人留下视觉记忆。除了摄影照片之外，尤为可贵的是，20世纪二三十年代有多部电影均选择在半淞园取景拍摄，因此留下活动影像可供后人参照。1923年商务印书馆摄制的影片《莲花落》，"布景多实地摄取，如黄浦滩、半淞园、大世界等，均明晰可观"，这种电影取景当时被视为广告宣传的新法，"其效力实较普通影片广告远

④《新广告法》,《申报》1924年3月5日。

超十百千倍也，一般大公司、大商店，盍依法一试之？"④ 此后，商务印书馆拍摄的影片《爱国伞》，"片中背景，采取半淞园及也是园等诸胜，故觉幽深而雅静，颇能引人入胜"。1927年的影片《多情的哥哥》，是新人影片公司"出片以来之第一佳片"，也选择在半淞园拍摄。同年上海明星公司拍摄的影片《狸猫换太子》，亦"假半淞园摄取'金水桥'、'御花园'等外景"，"取景尤适合剧情，天然风致，当为此剧生色不少"。

·图4-27, 日本侵略军轰炸上海时的战机

在这些以半淞园取景的影片中,最著名的应属 1933 年由艾霞自编自演、上海明星公司出品的影片《现代一女性》。该片描写了 20 年代中期"暴风雨般的革命年代中","一个希望用爱情的刺激来填补空虚的心"的女子的人生经历,剧组成员记载,当初在半淞园"拍在船上的戏,是再讨厌不过了,船老是不听指挥地在动,镜头自然不好对,结果船尾上系了一根绳子,岸上用人拉着",最后"五个镜头,拍了四个钟头"。① 这部电影,拍摄于半淞园毁于日寇战火之前四年,不仅成为中国电影史上女性主义的代表作,更为这座园林在银幕上留下珍贵的视觉记忆。

① 文露:《"现代一女性"的春天半日》,《申报》1933 年 5 月 9 日。

半淞园的地理位置毗邻江南造船所与江南制造局,换言之即与明显的军事目标相毗邻。1918 年 2 月 15 日,海军司令部由南京迁回上海,设办公处于高昌庙兵工厂内。交通孔道的便利条件,在和平时期可以为公园带来大量客流,但一旦发生战事,交通集散地、兵工厂、海军司令部都将成为军事打击的重点目标。有学者考察明清江南园林衰败的原因,"最

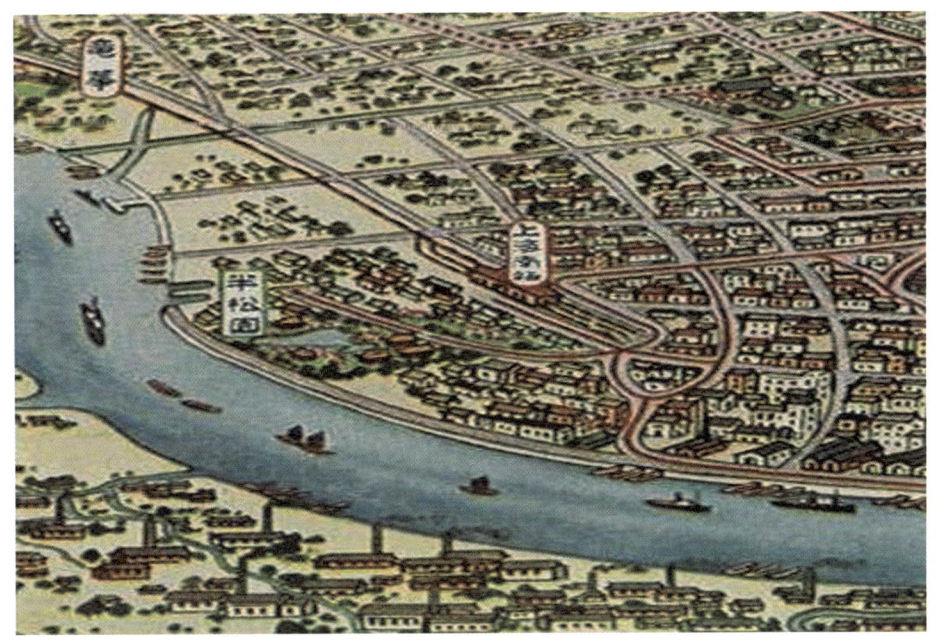

· 图 4-28,日本 1939 年出版的"上海鸟瞰地图"部分,图中标注半淞园

第 4 章 半淞雅韵 105

重要的就是兵燹的因素"，"从明中叶以来，明清江南市镇的园第经历了几次较大的浩劫，都是由于战争所造成的。嘉靖年间的倭乱，曾经使部分江南市镇的园第遭受损坏"，此后明清易代之际的兵燹，以及19世纪中叶清军与太平军的战争，均使江南园林经受几乎毁灭性的打击。[1] 相较于租界内的其他公园，华界内的半淞园更易于受到战争的影响和破坏。1924年江浙战争期间，南市戒严，行人裹足，半淞园亦有门可罗雀之慨。1927年"四·一二"政变期间，南市华商电车公司是上海工人纠察队的驻地之一，国民党二十六军为收缴工人枪械，武装包围华商电车公司，甚至在半淞园门口架设两挺机关枪。1928年5月4日，日机"飞至南市高昌庙龙华一带，抛掷炸弹十余枚"，其中"半淞园假山后外地泥地落一枚"。1937年8月26日、28日，日机连续在高昌庙江边码头及南火车站进行轰炸，并投以燃烧弹，江边码头一带原系棚户区，两千多间草棚被付之一炬，南火车站则"几成一片瓦砾场"，战火均蔓延及半淞园。[2] 1937年11月8日，日机又在半淞园至高昌庙一带连续投弹五六枚之多。1937年11月12日，国民党守军约数百人，困守"陆家浜路以南、车站以东、至浦边半淞园附近一带"，被日军三面包围，因未奉撤退命令"咸抱与阵地共存亡决心，必欲向敌军索取相当代价"，"虽剩一弹一卒、亦必誓死抵抗"，我守军"占据各处高楼、以机关枪密集向敌扫射"，激战两昼夜后方奉命向后撤退。[3]

经过沪淞战役的拉锯战后，半淞园几乎全部毁于日寇炮火。园林罹劫无疑是城市的遗憾，然而沪上军民在半淞园畔英勇抗敌，所彰显的民族精神之坚韧强毅，则为这座城市留下荣耀。

[1] 参见巫仁恕：《明清江南市镇志的园第书写与文化建构》，《九州学林》，第5卷第4期。

[2] 《高昌庙江边一带毁屋三千余所》，《申报》1937年8月26日。《昨日下午敌机轰炸南市敌舰南车站空前浩劫》，《申报》1937年8月29日。

[3] 《半淞园畔英勇杀敌》，《申报》1937年11月13日。

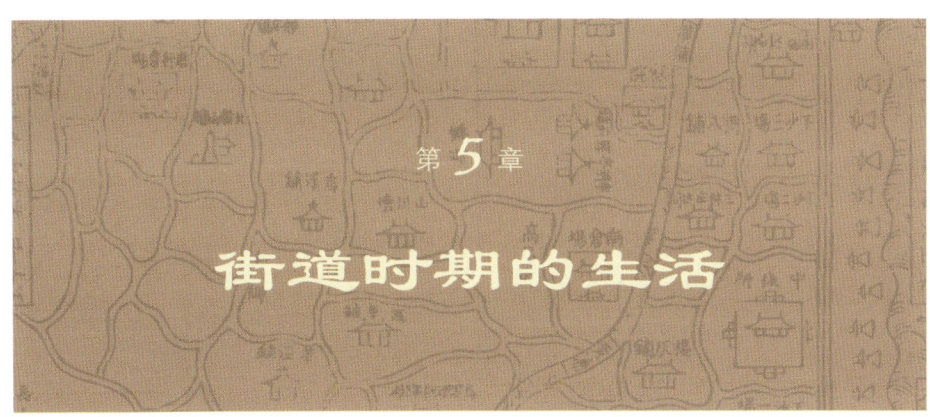

第 5 章 街道时期的生活

新中国成立后,城市基层社会确立了"市—区—街道—里弄居民委员会"的"街居制",街居制在解放初劳工集聚的半淞园地区发挥了积极作用。之后,伴随国家工业化建设的蓬勃开展,高度集中的计划经济体制逐渐形成,"单位制"开始在城市社会不断扩张铺展,并覆盖原先作为法定组织的街道与居委会建制。特别是1960年城市大办人民公社以后,半淞园街道辖区内的职工家属与无业居民开始被"社办"的生产生活事业"组织化""集体化","街居制"管理转变为"单位办社会"。改革开放以后,城市中"单位社会"逐渐萎缩,上海在探索特大城市管理体制的改革中,逐渐形成"两级政府(市、区)、三级管理(市、区、街道办事处)"的新体制。1995年,半淞园街道被列为全市"两级政府、三级管理"新体制试点。与这种管理新体制齐头并进的是,半淞园社区自20世纪80年代以来大规模的旧城改造,随着2002—2005年间上海世博会的积极申办,"百年半淞园"更是迎来了城市更新的绝佳契机。

一、半淞园街道的嬗变

1949年5月上海全市解放后，人民解放军上海军事管制委员会接管了半淞园地区所属的蓬莱区。先是在军事上接管了国民党蓬莱警察分局，5月底又在政制上接管了蓬莱区区公所。6月3日，上海市军管会发布通令，决定按市内20个区划分别成立各区接管委员会，由接管区公所的专员、接管警察分局的专员和驻防区警备团的政治委员三人组成。于是，蓬莱区接管委员会依令成立，由曹明梁、高新华、李仁斋三人组成，曹明梁为主任委员。[1]下设户政股、文教股、民政股、秘书室等办事机构，其行政区域范围为"东南沿黄浦江，与东昌区隔江相望；西南以西藏南路、肇周路、制造局路、高昌庙路（今高雄路）为界与嵩山区相邻；北沿方浜西路、中华路至复兴东路与嵩山区、邑庙区接壤，全区面积5.4平方公里"。[2]

之后，接管委员会按上述地段设立6个"接管专员办事处"，即后来"街道办事处"的前身。同时，废除了国民党政府借以控制基层社会的旧式单位——保甲组织，根据人民的实际需要，按照专门的事务——即人民福利上的某种要求，组织人民自己起来进行。[3]如建立起户籍服务员、清洁卫生小组、家庭妇联、居民互助会、人民防护队等里弄基层组织。这些带有居民自治性质的组织的成立，符合群众居住生活的需要，带来了不少福利实惠。至1949年9月统辖邑庙、蓬莱两行政区的沪南区委成立后，标志着该区新旧政权过渡任务正式完成。

自1950年开始，随着抗美援朝、三大改造、整风反右、大跃进以及人民公社运动等一系列政治风云的迭兴起落，蓬莱区人民政府下辖的各派出人员办事处及管辖范围也屡经分合撤并，变化无常。在此期间，关于成立"街道办事处"作为区人民政府的派出机关的组织条例，虽早在1952年6月出台《上海市市区设置区人民政府办事处试行方案（草案）》后便已实施，但"半淞园路街道"作为正式建制要到1960年城市人民公社运动兴起后才成立。

[1] 沈藩：《接管邑庙、蓬莱两区始末》，政协上海市南市区委员会文史委员会：《南市文史资料选辑》第2辑，中共上海市南市区委党史资料征集委员会内部资料，第118页。

[2] 南市区志编纂委员会编：《南市区志》，上海社会科学院出版社1997年，第63页。

[3] 《1951年上海街道里弄组织工作总结——建国初上海社区组织史料选（一）》，载《档案与史学》2001年第5期。

表 5-1 1950—1960 年"半淞园路街道"建制的演变由来

时间	建制变化	改制背景	管辖范围
1950 年 6 月 28 日	蓬莱区接管委员会撤销，成立区人民政府	新旧政权完成过渡	东南沿黄浦江，与东昌区隔江相望；西南以西藏南路、肇周路、制造局路、高昌庙路（即后来的高雄路）为界与嵩山区相邻；北沿方浜西路、中华路至复兴东路与嵩山区、邑庙区接壤
1951 年 11 月	蓬莱区成立冬防（防特、防盗、防空、防火）委员会与指挥部，并设陈家桥冬防办事处，为当时 9 个冬防办事处之一	抗美援朝，保家卫国	同上
1951 年 7 月 14 日	蓬莱区撤销街道冬防办事处，改设 9 个区政府派出人员办事处，其中的陈家桥派出人员办事处为后来半淞园街道办事处的缘起	抗美援朝结束，中美停战谈判	东以南车站路划分为界，西首制造局路与卢湾区五里桥街道交界，南与浦东周家渡街道隔江相望，北部延伸到徽宁路
1952 年 8 月	陈家桥办事处以瞿真人路（即后来的瞿溪路）为界划分为第八、第九两个办事处	地域较大，人口众多，工作繁重	同上
1953 年 9 月	陈家桥第八、第九两个办事处重划为第十一、十二、十三办事处	同上	北面收缩到沪闵南拓路（即后来的斜土东路）南侧，东、南、西三面不变更

续 表

时间	建制变化	改制背景	管辖范围
1955年8月	第十一、十二、十三办事处又改设保安路办事处、清流街办事处、高昌庙办事处、制造局路办事处4个办事处	同上	制造局路办事处管辖范围从新肇周路向北到徽宁路朝西到制造局路止
1956年3月	高昌庙办事处撤并，剩余3个办事处不变	上海市人民委员会决定撤销嵩山区建制，分别并入邑庙区和卢湾区	制造局路办事处管辖范围北面收缩到沪闵南柘路
1957年	保安路办事处、清流街办事处、制造局路办事处归并为二，即保安路办事处、清流街办事处	根据上海市委指示，精简机构，紧缩编制	同上
1958年	保安路办事处、清流街办事处合并为保安路办事处	工农业大跃进时加强里弄工作	下设9个居民委员会：即车前、张家宅、半淞园、高昌庙、瞿溪路、西凌、沪闵南柘路、新肇周路、保安路
1959年12月	邑庙区和蓬莱区合并为南市区，街道办事处调整为14个	上海市人民委员会决定撤销邑庙区和蓬莱区建制，合并为南市区	新南市区境域东临黄浦江，南从江边路到高雄路，折西为制造局路、唐家湾路、西藏南路，转北为淮海东路、人民路、新开河北路，面积6.91平方公里

续 表

时间	建制变化	改制背景	管辖范围
1960年3—7月	4月，南市区委决定撤销原地区支部，建立14个街道党委会。保安路街道党委会就是其中之一；7月，南市区委决定将保安路街道改名半淞园街道，并成立街道党委	按照上海市委、市人委指示，以街道为单位筹建城市人民公社	

资料来源：《中共上海市南市区半淞园街道组织史资料》，黄浦区档案局藏，档号：118—1—135；南市区志编纂委员会编：《南市区志》，上海社会科学院出版社1997年，第63—65页。

　　城市街道办事处的设立阶段，由接管办事处而冬防办事处而区政府派出人员办事处再到街道办事处。不同时期的演变背景与具体任务各有侧重，但贯穿始终的都是政府管理城市与"联系群众，指导居民组织工作"的需要。1952年，上海市政府颁布《上海市区人民政府设置办事处试行方案（草案）》，从法律上对街道办事处作出规范：街道办事处设正副主任各一人，干事若干人。人数依人口多少而定，一般以5000人设一干部为原则。其时，大约平均每办事处6人。主要任务为指导居民组织工作。①

　　1960年7月半淞园街道办事处成立之时，下设的里弄居民委员会组织早就出现了。它是在原先的人民冬防服务队的基础上建立起来的。1951年6月14日，上海市民政局正式发出《改变里弄组织形式的通知》，要求各区在冬防队基础上，改编为街道里弄的日常福利安全组织——街道里弄居民委员会。1952年12月，市民政局又根据华东军政委员会检发的"关于十万人口以上城市建立居民委员会试行方案（草案）"，颁布了《上海市居民委员会组织暂行办法（草案）》，正式规定了居委会的职能任务、内部构成与工作准则。②里弄居民委员会是居民为谋求自身福利，得以安居乐业而建立的群众性自治组织，它的社会基础是当时存在的庞大

① 《上海市区人民政府设置办事处试行方案（草案）》，上海市民政局档案，档号：35—103。

② 具体参见《城市街道办事处组织条例》，人民出版社1979年版，第3—6页。

① 郭圣莉、高民政：《建国初期上海市居民委员会创建的历史考察》，《上海市行政学院学报》2001年第4期。

的无组织居民。政府建立这一组织，正是为了展开对他们的动员与整合，并解决他们的生活福利问题。①

· 图 5-1，半淞园路街道办事处

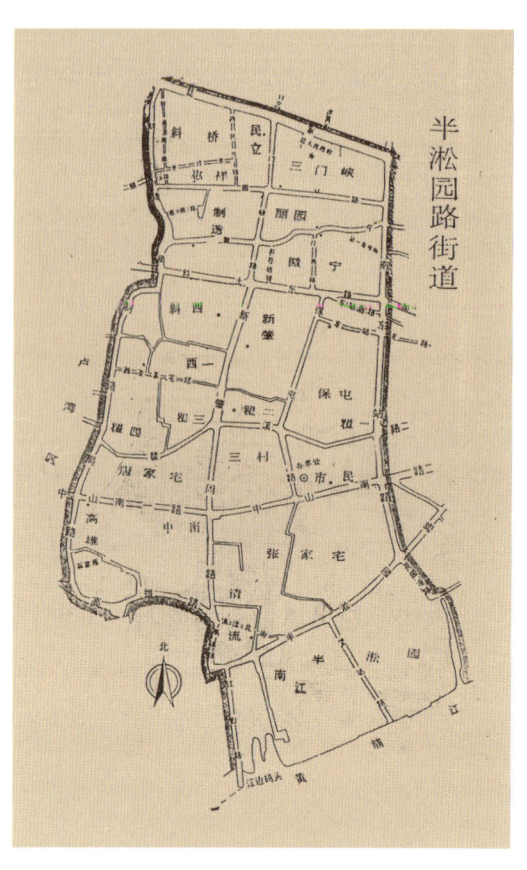

· 图 5-2，半淞园里委会区域图

　　里弄居民委员会的成立，标志着人民政府完成了对城市基层社会单位管理体制的重建。即取代了传统的保甲制度，形成了市—区—街道—里弄居民委员会的新体制。其中，市、区为两级政府，街道为政府方面的组织建构，里弄则是居民中的组织建构。因此，街道办事处与居民委员会的建立是一个相伴生的过程，两者共同构成了街道社会的管理主体。

　　半淞园街道办事处成立之初，下设9个里弄委员会，分别是车前、张家宅、半淞园、高昌庙、瞿溪路、西凌、沪闵南柘路、新肇周路、保安路。这9个里弄委员会下辖113条里弄，面积达2.4平方公里，居住着12469户、53529人。②从聚居人群来看，由于半淞园地区是近代上海老城厢南部工

② 《半淞园街道工作情况的报告》，上海市档案馆藏，档号：A20—1—22—17。

业化之渊薮,解放前就集聚了一大批官办和商办的民族工业企业,如江南造船厂、高昌庙兵工厂、南市发电厂、南市自来水厂、中华铁工厂等,因此,这里的居民构成"95%左右是劳动人民,且以工厂工人、三轮车、场车、建筑和手工业工人占多数"。① 这在半淞园里委地区表现得比较明显,据1960年初统计,半淞园里弄委员会共下辖成年居民3206人,共分职工、劳动人民、自由职业者、小业主、资本家、其他阶层等六类。其中,工人、职员、劳动人民及家属占到总人数的93.45%,称得上是一个名副其实的"工厂区"。

① 《半淞园街道工作情况的报告》,上海市档案馆藏,档号:A20-1-22-17。

· 图5-3,上海南市发电厂

· 图5-4,上海南市自来水厂,选自《南市区志》,上海社会科学院出版社1997年版

以劳工为主体的人群结构跟恶劣的居住条件连在一起成为了半淞园地区的居住特点。解放初期的半淞园地区，数以千计的棚户与简屋成片搭筑，填街塞巷，约有70%之多，尤其是南车站路、厅西路、保屯路、西凌家宅、惠祥弄等地的草棚简屋最为密集。大面积棚户区的形成，起始于抗战胜利后苏、浙、闽、皖等许多外省灾民迁居至此而临时搭建。直到解放初，以脏、乱、差而出名的"滚地龙"依然遍布各条街巷，而且大量义塚、臭沟与泥泞土路夹杂其间。有些里弄的环境卫生更是脏不堪言，到处尿粪横流，蚊蝇纷飞，居民年复一年生活在疾病和死亡的威胁中。①

① 《半淞园街道工作情况的报告》，上海市档案馆藏，档号：A20—1—22—17。

低劣的生活环境同时伴生着严重的社会治安问题。解放前夕，半淞园周边地区虽然是江南造船厂、南市发电厂进步工人进行抗日反蒋的地下斗争之地，但同时又是一个流氓横行、恶霸当道和各类社会渣滓麇集之所。如素以里弄空间为势力觊觎藏所、以封建迷信手段幌骗民众的反动会道门组织在半淞园里委地区极力渗透。许多道徒与国民党旧军官、美蒋特务等反动势力勾结串联，公开仇视人民政府，并在这一带刺探情报，窝藏敌特，敲诈勒索，多数居民遭受其害，民愤极大，被群众斥为"恶狗"。此外，解放之初，敌伪势力又在半淞园地区先后组织"反共救国军川沙独立支队"、"匪忠救军东南亚A字26爆破组"、"反动会道门血湖会"、"高昌庙咖啡馆"等现行反革命组织活动，② 致使这一地区先后发生反革命政治案件11起，严重威胁新生人民政权的巩固与民众生命财产的安全。

② 《半淞园公安派出所关于半淞园里委的社会调查报告》（1961年6月13日—1961年7月8日），黄浦区档案局藏，档号：118-2-4。

恶劣的居住环境与社会治安问题在半淞园街道办事处与居民委员会成立的过程中一直相当突出，成为该街道区别于上海其他街道里弄的显著特点。从20世纪50年代开始，作为上一级政府的蓬莱区首先对半淞园地区的大片棚户区进行了改造。如1957年在南车站路、保安路建成市民新村4幢4层楼和7幢5层楼的新工房，占地1.36公顷。新工房建成后，街道办事处和所属各居委会积极配合区政府工作，通过引电引水、处理房租纠纷及失业救济、贷款等工作，初步解决了一部分群众亟需解决的最紧迫的问题。不过，半淞园街道内的棚户区数量庞大，分布散乱，历史遗留时段较长，不仅利益纠纷复杂，且改造耗资巨大，并非一朝一夕能够完成。

至改革开放后的80年代,所有的"臭水浜"基本被填平成柏油马路,建造了219幢工房,总住房面积达20万平方米,全街道53%的住户住进了新工房。① 但距离棚户区的彻底改造完工尚需时日。

在安定社会秩序方面,解放初以来,蓬莱区政府与公安分局通过贯彻执行中央历次镇反、肃反等改造运动,对半淞园街道与里弄范围内的各种反革命组织、流氓匪类集团与迷信结社团体进行了清扫,统计处理了反坏分子343名。其中,地主37名,反革命分子167名,坏分子139名,占总人数的5.36%。② 尤其是猖獗一时的"一贯道"等反动会道门组织纷纷被取缔瓦解,1000多名办道人员向公安部门登记,以徐瑞良等为道首的400余名头目都已被逮捕。自解放后10年中,阶层改造一直是半淞园街道、派出所、里委会三方常抓不懈的政治任务。至1960年初,辖区内的阶层结构与阶级关系较之解放前也发生了巨变。总体上说,以资本家、小业主为代表的剥削阶层不断被削弱,以自食其力的工人、职员以及普通劳动者为代表的依靠对象不断壮大,公开破坏安定团结的反动势力与社会渣滓已基本被肃清,群众政治觉悟大大提高。

① 《社会调查是个好方法》,《上海教育》1982年第4期。

② 《半淞园公安派出所关于半淞园里委的社会调查报告》(1961年6月13日—1961年7月8日),黄浦区档案局藏,档号:118-2-4。

表5-2 1961年半淞园里弄委员会所辖地区各阶级(阶层)变化情况对照表

项目	数字	现有		解放前		百分比
		人数	百分比	人数	百分比	
职工	工人	1470	45.85	755	23.55	+22.3
	职员	295	9.2	158	4.93	+4.27
	家属	892	27.82	906	28.26	−0.44
	小计	2657	82.88	1819	56.80	+26.14

续表

项目	数字	现有 人数	现有 百分比	解放前 人数	解放前 百分比	百分比
其他劳动人民	劳动人民	252	7.86	397	12.07	−4.21
其他劳动人民	家属	87	2.71	227	7.08	−4.37
其他劳动人民	小计	339	10.57	624	19.15	−8.58
资产阶级知识分子及家属		0	0	3	0.009	−0.009
自由职业者及家属		5	0.02	11	0.34	−0.32
小业主	业主	38	1.19	61	1.9	−0.71
小业主	家属	29	0.94	89	2.77	−1.83
小业主	小计	67	2.13	150	4.68	−2.54
资本家	资本家	13	0.41	17	0.53	−0.12
资本家	家属	10	0.31	39	1.22	−0.91
资本家	小计	23	0.72	56	1.75	−1.03
其他方面		115	3.59	453	14.13	−10.54
合计		3206		3116		

资料来源：《半淞园公安派出所关于半淞园里委的社会调查报告》(1961年6月13日—1961年7月8日)，黄浦区档案局藏，档号：118-2-4。

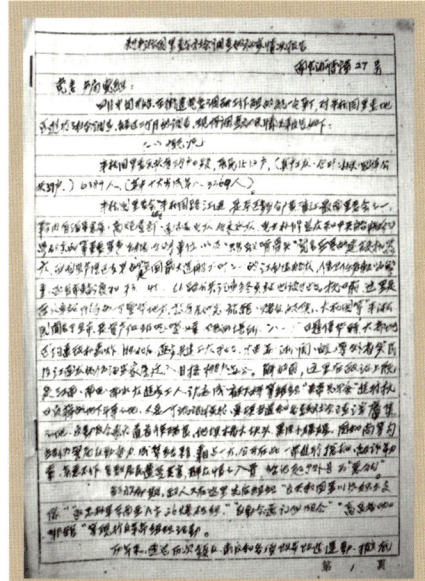
· 图 5-5, 半淞园里委社会调查

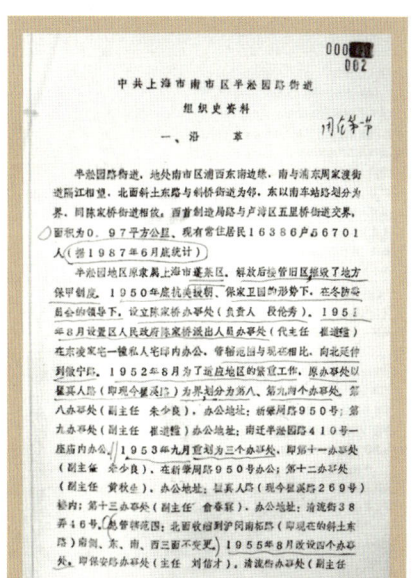
· 图 5-6, 中共上海市南市区半淞园路街道组织史资料

从解放初至"文化大革命"之前，半淞园街道辖区之所以能改善过去"臭浜连着臭池塘，常有饿尸丢路旁，苍蝇蚊子满天飞，吃水要到黄浦江"[①]的市容环境，清除地方痞霸势力的恶劣政治影响，在很大程度上得益于"市—区—街道—里弄居民委员会"这个高度组织化了的街区垂直管理模式。它在集中力量动员和整合城市基层民众解决民生大计，安定社会秩序方面发挥了不可替代性的作用。

然而，1966 年 6 月"文化大革命"开始后，高度组织化与集中化的城市基层政权及其派出机构开始受到冲击。从 1966 年 11 月起，半淞园街道相继冒出了 13 个形形色色的红卫兵"造反"组织。在"一月风暴"的影响下，党委领导下的半淞园街道办事处被"造反"与夺权，基本上陷入瘫痪状态。1968 年 4 月，新的权力机构"半淞园路街道革命委员会"成立，原有 9 个居民委员会更改为里弄革命群众委员会。[②] 1968 年 10 月，新成立的"半淞园路街道革委会"相继被造反派、工宣队、民兵营和军代表把持，主要任务已由对居民事务和经济事务的管理转向"以阶级斗争为纲"。直到 1970 年"整党建党"时，半淞园街道才重新恢复党组织，组成街道党委，并在各里弄、学校、机关等共建立了 16 个党支部，与"革委会"并存。

① 《社会调查是个好方法》，《上海教育》1982 年第 4 期。

② 《中共上海市南市区半淞园街道组织史资料》，黄浦区档案局藏，档号：118-1-135。

1976年10月，"四人帮"被粉碎后，街道党委系统进一步得到巩固与增强。1978年12月党的十一届三中全会以后，城市街道权力机构开始全面拨乱反正。半淞园"街道革命委员会"与"里弄革命群众委员会"被撤销，重新恢复街道办事处与居民委员会的建置。1979年，国家重新公布了1954年的《城市街道办事处组织条例》，半淞园街道办事处的运作才正式重回正轨。

二、街道里的单位

新民主主义革命取得胜利之后，中国共产党的工作重点开始从农村转移到城市。但是党过去并无城市社会管理的经验，如何整合与组织广大城镇群众的力量进行社会主义建设成为新政权亟需思考的问题。虽然在共和国成立伊始便成功地将"街居制"（城市街道办事处和居民委员会制度）深植于城市基层社会，但仅仅这一垂直政制还无法全面实现国家权力对城市社会的管理，必须在横向层面也构筑起强有力的的制度体系，方能高效地整合城市人群与资源，以适应高度集中的计划经济体制，这一横向的城市社会管理体制便是所谓的"单位制"。

单位制度是国家管理公有体制内人员的组织形式。它源于党在战争年代根据地时期形成的对"党的革命队伍"的特殊管理体制。所谓"革命队伍"是以中共党员为核心的公职人员群体，根据地党群团体、军队、政府机构和公营企事业是"革命队伍"一元化组织的不同职能部分。[①]一个人参加革命，进入一个单位，便成了"公家人"。1949年以后，这种特殊的管理体制被推广到全社会，单位是一切国家机关、社会团体、企事业组织和机构的代名词，成为城镇公职人员（包括干部和工人）的工作场所和生活场所。

单位可以归为三种：第一种是党政机关和工会、共青团、妇女联合会等群众团体；第二种是国有企业和集体企业单位；第三种是事业单位，

① 华伟：《单位制向社区制的回归——中国城市基层管理体制50年变迁》，载《战略与管理》2000年第1期。

包括公立大、中、小学，公立医院，公立的研究院所、博物馆、影剧院等。单位是国家体制的延伸，也叫"国家单位"。每个单位都有相应的行政级别，如省部级、地局级、县处级、科级。所有城镇正式就业者，都隶属于某个不同级别、不同类型但内部结构大体相同的单位，绝大多数城镇人群都是生活在"单位"之中。①

① 林蕴晖：《中华人民共和国史》第2卷《向社会主义过渡——中国经济与社会转型（1953—1955）》，香港中文大学出版社2009年版，第471页。

作为近代上海老城厢南部城市化的排头兵，半淞园街道辖区自清末以来就集聚了一批举足轻重的国有企业、集体企业与公私合营企业。如东起沪军营路，斜行向西迄高雄路一带分布有海军仓库、高炮营部、南市发电厂、南市自来水厂、电业机修总厂和中央船舶科学研究所等重要军事、经济、科研单位；位于辖区东南部的机厂路，则分布有求新造船厂、上海第二船舶修理所、恒通纱厂、申大面粉厂等；高雄路与江边路以西，地近黄浦区界矗立有全国最大的造船工业之一——江南造船厂。这些大型企业单位在解放初十年间都经历了"国营化"与"公私合营"的改造与转型，成为工人阶级翻身做主，贯彻国家政治运动号召，开展社会主义建设所依托的"国家单位"。以下，具体介绍两大颇具时代特性的国营企业与公私合营企业：

1. 以动员工人学习哲学而成为"典范"的求新造船厂

求新造船厂的前身是求新制造机器轮船厂。1902年由著名实业家朱志尧在舅父马相伯的协助下，筹资白银4万两创建于南市机厂街（今机厂路132号），是国内建立最早、规模最大的民办造船企业之一。自1907年起，曾为大达公司、汉冶萍公司、江海大关、招商局等造过大小船只20余艘。1914年，仿造成功我国第一台煤油内燃机。1919年，被法国资本吞并改为中法求新制造机器轮船厂。1945年4月被日军接管，遭到严重破坏。抗战胜利后，被法国大班们接管。

· 图5-7，上海求新造船厂，选自《南市区志》，上海社会科学院出版社1997年版

· 图5-8，上海求新造船厂，选自《南市区志》，上海社会科学院出版社1997年版

① 吴汉民主编：《20世纪上海文史资料文库》第3辑《工业交通》，上海书店出版社1999年版，第54页。

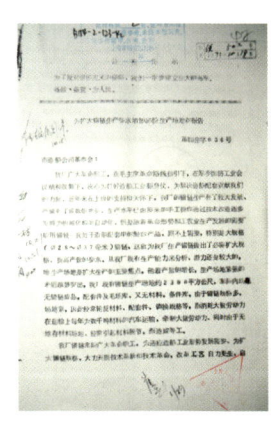

· 图5-9，求新造船厂为扩大锚链生产要求增加部分生产场地的报告

　　1952年1月15日，人民政府华东工业部接租了中法求新制造机器轮船厂，并改名为华东工业部求新机器厂，同年9月23日又改名为第一机械部船舶工业管理局求新造船厂。接管前的求新厂厂区窄小零乱，设备简陋破旧。"一五"期间，求新厂经过恢复生产和基建改造，面貌有了很大的改变，并先后将义兴盛铁工厂、泰昌机器厂、久记木行、申大面粉厂等厂区划入求新厂。1954年9月29日，上海市人民政府正式接管求新厂，改名为求新造船厂。① 主要从事军民用船舶设计制造和修理改装，制造非船用电器设备、金属结构件等。

　　从1957年4月起，全党范围内开展了针对官僚主义、宗派主义和主观主义的整风运动。在此背景下，求新造船厂的普通工人在接受政治理论学习方面出现了从消极面对到踊跃参与的巨大变化。在此之前，船厂党委从来不敢设想在工人中组织理论学习，"一提到理论学习，好像总归是科室人员的事"。广大工人群众一直对理论学习存在不正确的看法。曾有驻模车间一个工人这样说："看文艺小说很有劲，看了铁道游击队，一遍就能讲出来，但是理论书籍不行，看三遍还不懂。"看不懂之后，工人们往往就不敢看了，而越不看，越觉得理论高不可攀。一些文化程度较低的同志更对理论抱有神秘观点。比如几个调派在科室工作的老工人，在学习理论时常常这样说："我只有听的资格。"

但是，自从整风运动开展以来，不少工人逐渐意识到毛泽东思想是指导工人阶级进行革命斗争的有力武器。"不管有多大的困难，也一定要把这个武器掌握在自己的手里。"1958年3月中旬，求新造船厂第一个哲学自学小组在修造车间里成立，这也是当时上海第一个工人理论学习小组。开始只有5个人参加学习，他们一般是初中文化程度，有些人在解放初还是文盲或半文盲，推举一个公认学习较好的同志讲课，既没有学习大纲，也没有辅导教员，利用厂里文化学习的时间，就这样干将起来。在党支部的直接领导下，哲学自学小组采取"面向群众，逐步推开，边巩固、边发展的方法组织学习"，[①] 不到几个月，厂职工学习哲学的队伍迅速扩大：学习小组从修造车间的1个发展到22个，人数由5人发展到237人。[②] 此外，随着加入学习小组的工人数量与日俱增，厂党委还特别开办了暑期哲学学习班和哲学研究学院，吸纳了700多名学员，从而在全厂范围内出现了大学理论、大讲理论、大写理论、大用理论的群众运动局面。

这种理论学习，充分激发了工人群众将学习成果迅速转化为现实生产力的热情与威力。如1960年"大跃进"期间，船厂党委提出要把渔轮建造周期从82天缩短到45天的战斗号召。任务下达后，工人中产生了"二愁"的思想，一愁光凭苦干不能完成指标，二愁船厂又旧又穷，无法实现党委号召。针对这种思想，船厂党委组织工人理论小组学习"穷则思变"的报告，学习毛主席的"介绍一个合作社"。通过学习，工人群众大受鼓舞，纷纷表示："毛主席的话讲到我们心底里，我们的出路只有一条，就是'大闹技术革命，老兵换上新枪'"。结果，在短短的几天内，船体车间搞成的重大革命项目，比过去七年的总和还多；全厂第一条、第二条半自动的生产线，也出乎意料地在被人称"穷乡僻壤"的漆木车间喷砂工段出现了。[③] 之后，工人们关于"穷则思变"

[①] 中共中央工业工作部办公厅编：《工业企业大搞群众运动的经验》，机械工业出版社1960年版，第199页。

[②] 《我们怎样组织工人学理论》，上海人民出版社1958年版，第16页。

图5-10. 求新造船厂工人理论学习

[③] 《我们怎样组织工人学理论》，上海人民出版社1958年版，第27页。

的认识又发展为"穷的变富了，原来是富的就相对地穷了"的辩证思想，从而在全厂各车间都掀起了一个你追我赶的技术竞赛热潮。

2. 以"蚂蚁啃骨头"而闻名的上海建设机器厂

上海建设机器厂是由天鑫机器厂、复兴机器厂、茂中机器厂等7家工人于1956年公私合营后合并成立的，从原先专门从事修配的协作厂发展到从事制造蒸汽机、锅驼机等中小型产品。起初只有267个职工，厂房简陋，设备陈旧，全部机床80%以上都用过二三十年，其中一台一丈六尺的车床已用了85年。① 随着1958年"以钢为纲，全面跃进"的形势蓬勃发展，各行各业都在为"钢帅升帐"出力献功，上海建设机器厂也不甘落后，准备使产品往重型、大型方向发展。1958年6月底，厂里第一次担当了为钢铁工业承制10吨转炉倾动机设备的重任。转炉风圈的尺寸为3.5米见方，重逾10吨，如按常规，缺乏大型加工设备的建设机器厂根本无力承担这项加工任务。②

幸而，建设机器厂拥有一支具备优秀工人阶级传统的队伍，他们不仅具备较高的政治觉悟，拥有"赶英超美"的非凡勇气，而且多年来从事船舶修理工作，几乎碰过所有的机器，蕴藏着无穷的智慧与经验。这些老工人认为，要在不利的条件下完成困难的任务，要跳出旧的框框，创造新的办法，要搞技术革命，关键在于领导干部是否能够解放思想，放手发动群众。③ 于是，在当时党组织提出"破除迷信，解放思想"的强力号召下，全体职工们发扬了"敢想、敢说、敢做"的大无畏精神，坚持自力更生，因陋就简之法，终于研究出了一台自己设计制造的结构极为简单的"双头端面土机床"，像蚂蚁一样地爬在工作物周围进行加工，结果原先望而生畏的10吨大工件加工任务提前两天完成了。

更为重要的是，这套新型的加工办法给上海建设机器厂指出了一条"以小干大，以土代洋"的道路，创造了"工件不动，落地加工"的办法。这是重型设备加工方法中的一次革命。当时，厂里的职工给这套新型的加工办法起了个名字，叫做"蚂蚁啃骨头"。所谓"蚂蚁"，就是一些简

① 上海市机械工业局技术处汇编：《皮带机床高速自动化》，上海科学技术出版社1960年版，第1页。

② 马学新、徐建刚主编：《当代上海历史图志》上卷，上海人民出版社2009年版，第263页。

③ 中共中央工业工作部办公厅编：《工业企业大搞群众运动的经验》，机械工业出版社1960年版，第154页。

单的小型的机器,所谓"骨头",就是重达十余吨以至数十吨的大部件。在机械工业中,向来的正规办法都是:工件移动,机上加工,以大干小,单机操作。现在,却有了一套恰恰相反的新的加工方法。运用这套办法,就可以利用又土又小的设备,加工制造现代化的大型机器部件,为我国机械工业多快好省地发展大型产品开辟了一条新的道路。"蚂蚁啃骨头"的诞生,破除了机械工业没有大机床不能加工大型设备的迷信,树起了小厂能干大活的红旗。①

此后,建设机器厂在承担的一批批大型冶金、化工设备的加工任务中,自产的各种"蚂蚁"层出不穷,有炼焦炉门框钻孔用的"多嘴蚂蚁";有加工大平板可铣、可刨又可伸缩的"组合蚂蚁";有加工水压机柱塞缸封头内外球面的"靠模蚂蚁"等等。②它们的共同特点就是"以小攻大、以短攻长、以轻攻重"。至1958年底,上海机器制造厂工人们凭"蚂蚁啃骨头"的技法与精神,使全年的总产值比1957年翻了10倍以上,劳动生产率提高了近6倍,上缴利润比1957年增加了5.8倍,③该厂迅速成为当时中国"大跃进"的一面典型旗帜而名扬国内外。1958年底,外交部长陈毅陪同朝鲜最高领导人金日成参观上海建设机器厂。金日成赞道:"我在朝鲜就听见蚂蚁啃骨头这个办法,这次到中国来,想从现场找个办法的窍门!"④陈毅还为此专门题诗一首,称赞"蚂蚁啃骨头"精神与愚公移山的古老故事一样动人。

国内学者孙立平曾指出,新中国成立后,逐步建立起一个国家政权对社会全面掌控的社会体制,称之为"总体性社会"。这种社会的形成,是通过自上而下的各类单位来实现的。一方面,每个企事业单位都由干部和工人两大人群组成,都有一定的行政级别,是作为整个国家行政体系中的一个部件而存在的。一旦党和政府在上层发起各种政治运动,上下单位之间、单位内部之间都能通过党群组织作为政治动员的主导力量,组织职工群众投入政治运动,以贯彻中央的各项方针与政策。另一方面,每一个基层单位都与其上级单位编织起隶属关系网络,党和政府可以通过上级单位对下级单位下达工作任务,调拨、分配人力、物力、财力等资源,⑤

---

① 林莘:《敢弹异曲放新歌——上海建设机器厂发展"蚂蚁啃骨头"的事迹》,《科学画报》1965年第4期。

② 马学新,徐建刚主编:《当代上海历史图志》(上卷),上海人民出版社2009年版,第264页。

③ 《蚂蚁啃骨头 小厂办大事》,《解放日报》1959年3月6日。

④ 陈毅:《陈毅诗词选》,广东省肇庆地区五·七师范学院资料室1977年版,第119页。

⑤ 何海兵:《我国城市基层社会管理体制的变迁:从单位制、街居制到社区制》,《管理世界》2003年第6期。

从而实现国家对稀缺资源的集中调控与配置。

三、街道里弄的集体化记忆

随着社会主义"三大改造"运动的完成，以国营经济占主导地位的城市工业化体系快速建立，单位体制所覆盖的城市职工人口迅速扩张，而工人阶级以外的街道居民则日益减少。这样一来，国家对城市居民的行为控制主要不再依靠作为法定社区组织的街道办事处和居民委员会，而是通过一个个的单位来实现。与单位组织体系相比，"街居制"所起的作用越来越微弱，开始沦为边缘地位。此后，作为一种配套组织，管理着无单位的城市边缘人群。[1] 这种无单位的城市人群在街道辖区内主要指的是各类职工家属、无固定工作的中贫雇农及家庭妇女，以及其他里弄闲散人员。

然而，即使是单位之外的城市边缘人群，在面对20世纪50年代末60年代初全国各条战线上掀起的"大跃进"与农村人民公社运动的浪潮时，也开始被狂热的集体化生产生活方式所鼓动。1958年，半淞园街道内广大职工和劳动人民的家属在经过"全民炼钢"的实际锻炼后，纷纷显现出了"要求被组织起来"的思想觉悟。他们说："工人在大跃进，农民也在大跃进，我们怎能等在家里，朝着锅台、孩子，坐看人家建设社会主义。"[2] 当时，街道红星熔炼工场的23个家庭妇女在炼钢结束后不愿散伙的情况下，凭了三只破缸，两只坏石臼，一个芦席棚又办起了工场。这说明"单位体制"以外的城市非就业人员非常希望自身也向"单位人"的身份靠拢，迫切要求与他们一样，在国家发起政治动员任务或统一调配社会资源时能够被纳入并迅速组织起来。

就党和国家层面来说，1958年如火如荼的全面"大跃进"，推动了整个社会扩建和新建许多工厂企业，这就要求充分挖掘一切物质资源，进一步解放劳动力来参加生产建设，从而出现了生产飞跃发展和劳动力不足的矛盾，而城市中单位之外的大量无就业居民恰能填补社会劳动力

[1] 林蕴晖：《中华人民共和国史》第2卷《向社会主义过渡——中国经济与社会转型（1953—1955）》，香港中文大学出版社2009年版，第472页。

[2]《半淞园街道工作情况的报告》，上海市档案馆藏，档号：A20—1—22—17。

需求的空缺。同时，随着生产建设事业进一步社会化，要求在生活方式上也来个彻底变革。在城市里，工人阶级领导的工厂企业、机关、学校等单位已经是按照社会主义原则高度组织化、集体化了，但这些单位职工的家属们在生活上却还是一家一户、一锅一灶地分散生活，特别是城市妇女劳动力仍然被家务琐事所束缚，不能够参加生产。① 这就迫切需要"消灭城市社区中残存的单位体系外的一些死角，使城市社会彻底单位化"，② 以解决他们在生产集体和生活分散上的矛盾，彻底改变旧的生活方式。

基于社会化大协作的需要以及群众要求被组织化、单位化的强烈愿望，自1958年下半年开始，中共在效仿农村人民公社经验和成效的基础上，准备在城市开始试办人民公社。1958年12月10日，中共八届六中全会通过的《关于人民公社若干问题的决议》指出："人民公社在城市中也在开始进行一些试验。城市中的人民公社，将来也会以适合城市特点的形式，成为改造旧城市和建设社会主义新城市的工具，成为生产、交换、分配和人民生活福利的统一组织者，成为工农商学兵相结合和政社合一的社会组织。"③ 1960年3月9日，中央发出《关于人民公社问题的批示》，对城市人民公社的具体部署是，在1960年上半年普遍进行试点，取得经验以后，在下半年全面推广。按照中共中央的要求，很快地形成了全国城市人民公社化的高潮。④ 上海此时也开始试办。

1960年3月25日，上海市委成立了城市人民公社工作领导小组，负责领导建立城市人民公社的各项实际工作。不久，各区也先后成立领导小组，制定规划，重点先行，点面结合，先选择1—2个地区作为人民公社运动的试点。其中，半淞园街道入选为当时南市区委兴办城市人民公社的试点单位之一。根据设想，人民公社在城市中开办大体有以大工厂、机关或学校、街道为中心的三种类型。就街道范围的城市人民公社而言，上海根据中央指示，没有采取直接挂上人民公社的牌子，而是成立街道委员会作为公社的办事机构，同时将居民委员会改为里弄委员会。"里弄委员会是城市人民公社的基层组织，里弄委员会实行'统一管理，两级核算，适当积累，按劳分配'的办法，处理里弄各级事业的收入。"⑤ 参与的主

① 中共南昌市委宣传部编：《城市人民公社讲话》，江西人民出版社1960年版，第3页。

② 华伟：《单位制向社区制的回归——中国城市基层管理体制50年变迁》，载《战略与管理》2000年第1期。

③ 中共中央文献研究室编：《建国以来重要文献选编》，第11册，中央文献出版社1995年版，第600页。

④ 薄一波：《若干重大决策与事件的回顾》（修订本），人民出版社1997年版，第506页。

⑤ 《横滨人民公社试行简章》，上海档案馆藏，档号：A20-2-12。

体是当时 16 岁以上无固定工作的里弄居民；主要任务是通过兴办街道里弄的工业企业、生活服务站、居民食堂、托儿所、文化补习班等生产生活、集体福利、社会服务、文化教育等事业，将原来分散在家庭中，不从事社会生产劳动的里弄居民组织起来，为社会主义生产建设事业服务。

作为南市区开展城市人民公社运动的试点街道之一，半淞园街道在 1960 年 4 月成立街道委员会之前，就已经依照市、区委的指示与群众的迫切愿望，积极组织了一批生产、生活服务事业，为"人民公社化"作了前期准备工作。截至 1960 年 2 月底，街道内共发展了 37 个生产组，12 个食堂，13 个托儿所，参加生产、生活的工作人员有 944 人。[①] 自 4 月起，半淞园街道委员会遵照中央和市委"首先组织城市中贫雇农"和"积极领导坚持自愿原则"的政策，贯彻"以组织生产为中心，同时组织各种生活福利和服务事业"的方针，结合地区工厂较多、下脚废料足、群众干劲高的特点，准备发动群众，自力更生，大搞街道工业和各项事业。

街道与里弄的干部群众听说党委要加快建立人民公社的准备工作，士气受到极大鼓舞，纷纷表示有信心白手起家，发挥"穷棒子精神"，"没有门路积极找，没有房屋简屋造，没有材料废料要，没有设备土法搞，不懂技术去请假"，[②] 总算拼拼凑凑地掀起了"一夜办个食堂，二天办一个工场"的高潮。如保安路里委会的居民群众在一夜间自动腾出 10 间空屋，两天内办起了 4 个食堂。尽管在兴办过程中有急于求成的质量冒进问题，但街道里弄内绝大部分职工家属与劳动人民家属都在集体生产生活中深切体会到"被组织起来"的优越性。

至 1960 年 9 月底，半淞园街道已组织起来的里弄妇女和居民共有 5374 人，占应组织居民 6398 人的 84%。先从已组织起来的人员的身份构成来看，职工和劳动人民家属 5155 人，占 96%；资产阶级家属 14 人，占 0.26%；小业主 32 人，占 0.6%；个体劳动者与自由职业者 99 人，占 1.84%；五类分子家属 182 人，占 3.39%。[③] 这表明作为城市人民公社运动的参与主体，广大职工家属、劳动群众已按制度设想被成功纳入政社合一的集体化生产生活组织中，而且原先那些对集体化有所顾虑甚至有抵触情绪

① 《半淞园街道工作情况的报告》，上海市档案馆藏，档号：A20—1—22—17。

② 《半淞园街道工作情况的报告》，上海市档案馆藏，档号：A20—1—22—17。

③ 《半淞园街道工作情况的报告》，上海市档案馆藏，档号：A20—1—22—17。

的富裕阶层也被动员与整合进来。

再从已组织居民的工作内容来看，从事于生产劳动的有3898人，占75.77%。这其中分街道工场1257人，生产组1314人，分散性劳动159人，外包内做的430人，运输队47人，建筑队106人，支援外地、外厂突击性任务的508人，农副业生产44人。① 从事托儿所、食堂、服务站等生活服务工作的有229人，占4.17%；从事于扫盲、业余学校、文化、卫生等文教工作的有518人，占10.06%。② 这三项城市人民公社化的主要工作在半淞园街道辖区的具体实施状况如下：

① 《关于当前街道里弄生产情况的调查报告》，上海市档案馆藏，档号：A20-2-7。

② 《关于当前街道里弄生产情况的调查报告》，上海市档案馆藏，档号：A20-2-7。

1. 大力发展与扩建以街道工场和里弄生产组为主体的生产事业

上海在发动人民公社化运动之初就明确指出，在街道里弄组织集体性的生产事业，大办工业，是"城市中组织人民公社的基础"，③ 也是当时"社办工业"的重要组成部分。当时的指导思想是"城市人民公社必须以发展生产为中心，社办工业是城市公社发展和巩固的必要条件，更是实现共产主义的物质基础"。④

在1960年3月至9月的半年时间里，半淞园街道里弄中的工农家属采取自力更生，土法上马，因陋就简，就地取材的方法，在境内大工厂附近新建和扩建了14个街道工场和85个生产组。⑤ 至10月中旬，这些工场和生产组共组织生产人员2604人，生产出了93类主要品种。从这些单位的生产性质来划分共有四类：

第一类是直接为大工厂进行加工生产任务，原料都由工厂供给的生产组织。这类组织的参与人数有1897人，产出品种68个，分别占总人数与品种数的72.96%、73.11%。⑥ 为大工厂进行加工的有化学制品、纺线、喷漆、电线、丝印、石棉、仪表等7个工场，它们与大工厂进行

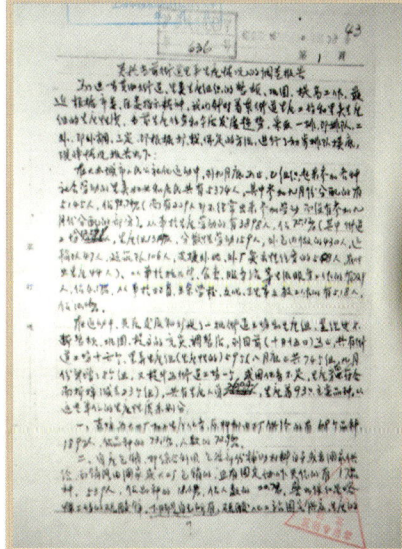

图 5-11，街道里弄生产情况的调查报告

③ 郑秀翘：《把街道居民组织到生产劳动中去》，《红旗》1958年第11期。

④ 李端祥：《城市人民公社运动研究》，湖南人民出版社2006年版，第150页。

⑤ 《半淞园街道工作情况的报告》，上海市档案馆藏，档号：A20-1-22-17。

⑥ 《关于当前街道里弄生产情况的调查报告》，上海市档案馆藏，档号：A20-2-7。

协作挂钩，加工生产出黄铜、羊毛衫、硫酸锌、硫酸钙、硫酸铅、碳酸锰、硫酸铜、牛膏等畅销全国的品种。其中，儿童玩具、羊毛衫、绣花等都是远销国外的高级产品。

里弄生产组织与大工厂开展加工协作，能保证工厂在不增加厂房设备和工人的情况下完成生产计划，而且有可能向"高、精、尖"方向发展。如1960年2月，上海喷具厂试制成功了一种"热喷枪"的高级产品，但由于生产该种产品的老师傅忙于一般产品的装配工作，对"热喷枪"的生产分身乏术。后来，上喷厂与街道张家宅里弄实行挂钩协作后，将装配任务交给里弄生产组后，不仅该厂的生产能力出现大跃进，而且为生产"热喷枪"腾出了足够的时间与人手，使这种高级产品很好地满足了市场的数量与质量需求。

第二类是自产包销型。即利用大工厂下脚废料进行综合利用，包括部分辅助材料自寻或者国家供给，而销路由国家或大工厂包销。此类组织产出的品种很多都是市场上比较急需的物资，尤其是综合利用后出产的黄铜和化工原料，都是精密仪器、橡胶工业、化学工业的重要原料。计有生产品种17类，参与人数539人，占品种的18.84%，占人数的20.7%。[1] 街道内搞综合利用的有化工一、化工二、红星、五金零件、五金配件、胶合板、煤屑砖等7个工厂。譬如街道红星熔炼工场，先利用锁厂、铜厂的炉灰下脚，每天可炼出原铜2000公斤，然后又利用炼过铜的下脚又炼出了硫酸锌，"变无用为有用，小用为大用，一用为多用，做到废物不废"，[2] 最后的硫酸锌由硫酸化工厂统一负责找销路。

第三类是自产自销型。当时比较有代表性的是原联管组的丝印工场，主要生产无线电上的玻璃板的刻印号码。共产出品种4只，参与生产人员79人，占品种的4.35%，人数的3.04%。[3] 由于这个工场的原料——玻璃、汽油在当时是紧张物资，国家没有固定供应，只能靠自己到处采购。同时，销售对象又不确定，近则上海，远则有徐州、内蒙古等地前来订货，但都不固定。

第四类是自产自用型。即产品专以供应本街道生产建设事业发展为目

[1] 《关于当前街道里弄生产情况的调查报告》，上海市档案馆藏，档号：A20-2-7。

[2] 《半淞园街道工作情况的报告》，上海市档案馆藏，档号：A20-1-22-17。

[3] 《关于当前街道里弄生产情况的调查报告》，上海市档案馆藏，档号：A20-2-7。

的，这类产品的生产数量很少，只有三种，参与生产人员也只有89人。如制造小马达、煤屑砖等，用于供给街道里弄的房屋修建，或由南市区统一调配，在区境内使用。

经过半年的逐步发展和不断整顿，半淞园街道工场和里弄生产组已发展成为南市区大工业的一支不可或缺的辅助力量，在一定程度上支援了工厂企业的生产任务，补充了市场对生产生活资料的需求。同时也让参与集体生产劳动的广大居民增加了收入，改善了生活，掌握了技能，改变了精神面貌。然而，街道里弄的生产事业在兴办过程中并非尽善尽美，也存在不少缺陷。其中，最主要的问题就是生产节奏易受到大工厂在原料供应、任务数量以及技术革新等方面的变化影响而出现不稳定又被动的局面。

如里弄内的五金零件工场现有能力利用废铁皮10吨左右，以加工刀片柄、锁底板等产品，与之有协作关系的久新人工厂也的确有此需求，但奈何工厂方面只能供给1吨废铁皮，工场只得自己再到废品公司购买3吨左右，但有时候可能1吨也买不到。这样一来，生产就不够稳定。

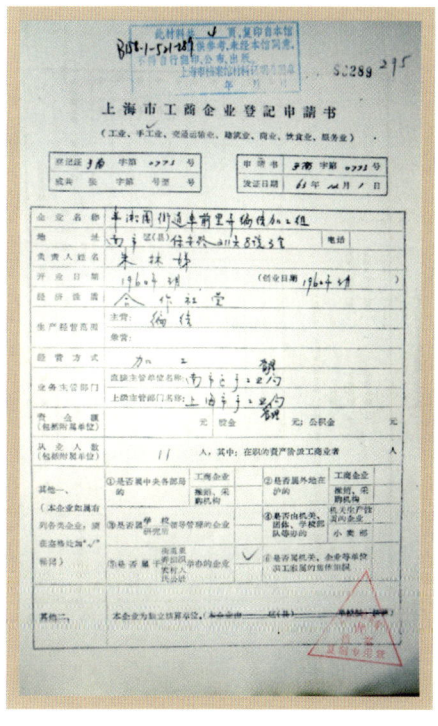

图 5-12 半淞园街道车前里弄编结加工组

还有一种情况是：原来的加工任务是正常的，但协作关系单位因开展技术革新，实现了机械化，效率提高后，加工任务减少，或者工厂提高产品质量，节约原材料后，原料来源减少，加工需要量减少，因而里弄生产不正常。如保安路里委缝纫组，原为中央油衣厂加工油衣，任务足，后来中央油衣厂实现了机械化后，腾出劳动力自己加工生产，因此发来的任务不多，经常停工。又如化工一工场，原来生产硫酸碱，因六康化工厂改进操作过程，提高产品质量后，下脚成分中不能再提炼硫酸钙而停止生产。①

除此之外，还存在其他方面的问题。如劳动保护还做得不够全面，特别是对妇女的生理特点照顾不够，组织她们参加了某些不适宜妇女参加的劳动，直接影响了她们的健康；② 群众性的技术革命运动开展得不够，

① 《关于当前街道里弄生产情况的调查报告》，上海市档案馆藏，档号：A20-2-7。

② 上海市委党史研究室编：《艰难探索（1956—1965）》，上海书店出版社2001年版，第65页。

停留在部分人身上，且有"抓了大项目，放弃了小改进"现象；工场的管理制度虽已建立，但有些工场对原材料的收发保管制度还不健全且有些混乱现象，① 为贪污盗窃与大手大脚的浪费现象开了方便之门。

① 《半淞园街道工作情况的报告》，上海市档案馆藏，档号：A20-1-22-17。

2. 兴办以食堂、托儿所、便民生活服务为内容的集体福利事业

与农村人民公社的体制类似，城市人民公社在试办过程中，除了集中力量发展生产性事业外，也特别注重兴办公共食堂、托儿所、服务站等群众福利事业，这也是城市人民公社集政治、经济、社会生活三位一体的内涵要求。1960年3月至9月底，半淞园街道里弄共兴办了公共食堂29个，搭伙人数达14857人。其中，已组织起来的搭伙者占72.88%。② 这些食堂内饭菜质量较高，小菜多样化，做饭已逐步实现蒸气化，出饭率较高，且干稀同时供应，颇受职工家属与劳动群众的欢迎。有些原来经常不能按时吃饭的小厂小店职工能按时吃饭了；有些在职夫妇家庭原先天天愁孩子无处吃饭，如今不用操心了；还有些平日家中无人照料的老人病人，也得到了食堂的帮助照顾。③

② 《半淞园街道工作情况的报告》，上海市档案馆藏，档号：A20-1-22-17。

③ 上海市委党史研究室编：《艰难探索（1956—1965）》，上海书店出版社2001年版，第66页。

不过，在大办里弄食堂的过程中，由于单纯强调"生活集体化"和"家务劳动社会化"，没有认真分析客观需要与实际可能，导致食堂办得过多，占用了居民一部分房屋与家具，引发了与居民间的矛盾。此外，粮食的管理制度也还不严密，且尚有漏洞可查；饭菜的成本核算工作不够精确，还有"毛估估"现象。因此，大盈大亏仍然存在。④

④ 《半淞园街道工作情况的报告》，上海市档案馆藏，档号：A20-1-22-17。

托儿所方面，共建立了28个，受托2440名儿童，占组织起来的42%。每个托儿所都建立了教养、保健网络，成立了儿童隔离室，在培养儿童健康成长，解除妇女职工与家庭主妇从事生产的后顾之忧方面起到了一定的作用。许多里弄中的劳动妇女都说过去是"三个孩子一付灶，好似绳子来牵牢"，⑤ 如今成立托儿所，"不再把心操，身心愉快学文化，一心一意搞生产"。但是，托儿所也带有普遍性的问题，那就是教养质量不高。不少保教人员往往用家庭妇女的老办法管教孩子，跌痛头、撕破衣服等时有发生。此外，不少托儿所在卫生保健制度上也执行不得力，

⑤ 《半淞园街道工作情况的报告》，上海市档案馆藏，档号：A20-1-22-17。

小孩子红眼睛、拉肚子、生虱子的现象也经常出现。更严重的是，里弄托儿所事业由于发展过快，包得过广，将一部分完全有能力自办的工厂托儿所包了下来，增加了自身压力与负担，人力、物力、财力跟不上，出现了许多管理上的困难与混乱，影响到保教质量的改善与提高。

生活服务组织方面，半淞园街道委员会在9个里弄委员会分别设置了1个综合服务站，9个综合服务站之外又设有72个服务组，全部服务工作人员共314人。服务内容涉及洗衣、缝纫拆补、制鞋补鞋、水电修理、理发、浴室、废品回收等，有些衣服鞋袜的修补、翻新、改样业务，还与工厂挂钩，采取上门取衣，送衣上门的办法，为工厂职工、居民服务洗衣。这对解放妇女劳动力，促进生产，厉行节约等方面作用较大。不少职工和居民反映说："里弄成立洗衣组，我们生活也方便，衣服脏了有人洗，破了还给我们补好，生产更加安心了。"但在举办里弄便民服务事业的过程中，服务站采取集中管理，统一分配的形式，从服务小组到服务站都由里委会包下来统一盈亏，不利于服务站改善经营管理。① 且服务站当时实行固定的工资制，不利于发挥各种手工劳动服务人员的积极性。此外，服务形式和方法还不够灵活多样，服务网点还不健全，影响了服务效率和质量。

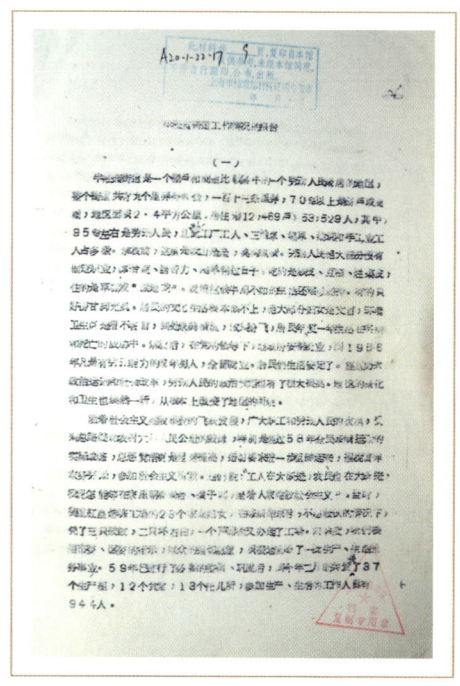

图 5-13，半淞园街道工作情况报告

① 上海市委党史研究室编：《艰难探索（1956—1965）》，上海书店出版社 2001 年版，第 68 页。

3. 文教体卫事业也呈现组织化、集体化趋势

集体生产、生活事业的蓬勃发展，推动了街道里弄的妇女群众掀起了一股学习知识、改造思想的热潮。至 1960 年 9 月底，已摘掉文盲帽子的妇女占总人数的 76.4%，② 在街道十所业余中小学读书识字的妇女人数每半年增加 30%—50%。不少妇女在文盲脱帽后，还成为能诗会写的好手，相继写作诗歌千首，论文 200 篇。具备一定的知识文化水平后，街道里弄

② 《半淞园街道工作情况的报告》，上海市档案馆藏，档号：A20—1—22—17。

居民的业余文体活动也逐渐丰富多彩起来。如组建妇女业余文艺团、球队；每个里委设立图书馆；街道办起了少年之家、老工人活动室、文化站等。此外，为了加强计划防治，保障人民健康，开办了街道医院，各里委又设有保健站，使爱清洁、讲卫生成为街道里弄的新风尚。

在街道里弄内的文教体卫事业也被"人民公社化"运动组织起来的过程中，由于对群众客观需要分析研究不深入，过于大包大揽，也出现了一些问题：如在举办居民业余教育中，没有区别居民的不同需求和街道里弄的实际可能进行组织动员，勉强组织一部分不愿意入学的人参加学习，既增加了教学上的困难，也浪费了一定的人力物力。[1] 少年之家和图书馆客观上虽有一定需要，但是街道里弄的人力物力有限，办得太多太滥，结果是既不能发挥应有作用，又浪费有限资源。

1960年，在上海市各街道层面兴起的城市人民公社运动，从职能来看，主要是组织职工家属和其他闲散人员参加生产和福利事业，"变消费城市为生产城市"，实现"人人都劳动，户户无闲人"，使之"成为旧城市和建设社会主义新城市的工具，成为生产、交换、分配和人民生活福利的统一组织者，成为工农商学兵相结合和政社合一的社会组织"。[2] 在试办过程中，虽然在安置城市闲散劳动力就业、解放家庭妇女参加社会劳动、促进社会福利事业建设方面，起到了一定的积极作用，但这种以群众名义兴办的各项事业，带有一定的盲目性，同时对资源造成很大的浪费。尤其是无偿占用或借用全民所有制企业的设备及居民的住房、生活用具，助长和发展了"共产风"，也滋长蔓延了干部中瞎指挥、追求高指标的浮夸风。这种状况一直持续到中共中央提出"调整、巩固、充实、提高"八字纠"左"方针后，各地城市人民公社运动才陆续停歇。1962年9月，中共上海市委城市人民公社领导小组办公室撤销，各区属街道里弄的城市人民公社运动才基本结束。

[1] 上海市委党史研究室编：《艰难探索（1956—1965）》，上海书店出版社2001年版，第69页。

[2] 詹成付主编：《基层政权和社区建设》，中国社会出版社2009年版，第102—103页。

四、现代城市社区

从20世纪80年代中期开始，随着改革开放的不断深化，农业社会向工业社会逐步转型，尤其是高度集中的计划经济体制日趋弱化消解，使城市的经济结构和社会管理体制发生了巨大变迁。其中，标志性的变化之一就是单位体制的衰落促使政府和单位承担包办的社会职能重新被释放回社区，城市社会的管理方式从传统的"单位管理"向现代的"社区管理"转变，越来越多的社会成员由"单位人"逐步转化为"社区人"、"社会人"。社区已成为各种社会组织的落脚点、各种社会群体的聚集点和各种利益关系的交汇点。[1]

国内开始对社区服务与建设逐渐重视起于20世纪80年代初。当时，民政部提出"社会福利社会办"的口号，开始与"社会福利单位办"的模式分道扬镳。1987年9月，民政部在武汉召开"全国城市社区服务工作座谈会"，部署在城市开展社区服务工作，提出探索建设具有中国特色的社会服务体系。社区服务活动在初期一般以传统的民政服务对象如烈军属、孤老户、特困户、残疾人等为服务对象。随着中国老龄化进程的加快，老年人也逐步成为社区的服务对象。[2] 这样，社区概念逐渐被政府部门、各级领导人和全社会广泛应用。至20世纪90年代初，"社区服务"的提法进一步延伸扩展为"社区建设"，而且当时民政部首先选择在北京、上海、天津、沈阳、武汉、青岛等城市设立了26个"全国社区建设实验区"，以探索"社区制"实践的具体模式。

作为身处改革开放前沿且得风气之先的特大城市，上海是全国探索实践社区制具体模式的先行者之一。其改革模式被高度概括为"两级政府，三级管理"。"两级政府"即市级与区级政府，"三级管理"即市级、区级和街道一级的管理体制。改革的重点和核心是强化政府在街道层面（第三级）的行政权力和行政职能，从而实现城市基层社会有效管理。实现途径是推动市、区两级政府及职能部门的权力下放和分权，实现管理重

[1] 龚维斌：《社会管理与社会建设》，国家行政学院出版社2011年版，第186页。

[2] 吴群刚主编：《中国式社区治理 基层社会服务管理创新的探索与实践》，中国社会出版社2011年版，第11页。

心下移。[1]

1993年,"两级政府,三级管理"的新体制在上海开始探索试水。1995年,半淞园街道被上海市列为10个试行新体制的街道之一;1996年1月成立街道社区管理委员会,设市政管理、社区发展、社区治安综合治理、财政经济4个委员会和行政办公室,[2]对辖区所、院、场的工作实行"条包块管、条块结合、以块为主"的管理模式,成功探索出了社区长效管理、综合治理打防结合、社区化管理、集体企业资产管理和党建工作社区化等新机制。至2000年6月,街道先后获全国城市体育先进社区和市先进街道办事处、市社会治安综合治理先进街道、市一级卫生街道、市社会救助工作先进集体等130余项全国、市级荣誉称号。

与半淞园路街道试行社区管理新体制齐头并进的是该地区的城市更新。城市更新是指城市形态结构的改造、城市经济发展内容的变更和城市生态环境的改善等多方面的内容。改革开放以来很长一段时期内,我国许多城市实现面貌更新较多采用的是"旧城改造"这一方式。所谓旧城改造,是指局部或整体地、有步骤地改造和更新老城市的物质生活环境,以便根本改善其劳动、生活服务和休息等条件。[3]内容主要包括:改造城市规划结构,在其行政界限范围内实行合理的用地分区和城市用地的规划分区,把旧街坊改造成功能完整的居住区;更新、调整城市工业布局;改善城市居住环境并组织大规模的公共服务设施建设等内容。

自1980年以来,南市区区委区政府提出了以"旧区改造为重点,以旅游为先导,带动商业和相关工业发展"和"以道路建设为先导,带动旧城改造"的发展战略,有力地推动了半淞园地段旧区改造的步伐。其中,成果最为斐然的当属危棚简屋的改造与街道绿化工作。

半淞园地区原是一个棚户与简屋密布的低档聚居区,解放后虽陆续翻建了一些新工房,但并未改变整个地块"蓬头垢面"的市容。随着80年代中期"旧城改造"的开始,半淞园地区的土地利用性质逐渐从传统居住、工业用地转化为现代化居住、商住用地。西凌家宅昔日是该地区最大的棚户区,面积9.6公顷,居民3000多户。大批简屋破房年久失修,多代

---

[1] 詹成付主编:《基层政权和社区建设》,中国社会出版社2009年版,第107页。

[2] 沈善初主编:《南市区续志1993年至2000年6月》,上海社会科学院出版社2003年版,第1010页。

[3] 刘敏,方如康主编:《现代地理科学词典》,科学出版社2009年版,第659页。

同室和几对夫妻混居现象屡见不鲜。1983年区政府把西凌家宅列入旧城改造规划，街道办事处和所属各居委会积极配合工作，至1992年底，西凌家宅已建起多层建筑23幢，高层建筑10幢，总建筑面积30万平方米。其中5幢32层高楼，居南市区浦西地区楼房高度之首。[1]

① 南市区志编纂委员会编：《南市区志》，上海社会科学院出版社1997年，第231—232页。

位于中山南路以南、西藏路以东、半淞园路以北、南车站路以西的淞园小区，占地面积11.7万平方米，是当时整个南市区最大的危棚简屋改造地块之一。1999年12月，上海市委领导在南市区调研时，就从全市规划的角度把这一地区的改造定位为建设上海市中心中档消费聚居区。从2000年原黄浦区和南市区"撤二并一"后，淞园小区陆续拆除危棚简屋1万7千平方米，动迁居民2800余户，单位44家，当时规划这里将建设各类建筑40万平方米，其中住宅33万平方米，成为南外滩住宅区的一个亮点。2002年1月，黄浦区政府决定同浙江耀江集团合作，用一年半的时间在这里建设9幢中高档住宅，这也是黄浦区实施浦江两岸开发的一个重大举措。

2002—2005年间，随着上海世博会积极争取申办，再次给"百年半淞园"的城市更新带来了"脱胎换骨"的契机。作为浦西世博园区的主要参与者之一，半淞园区境内的中山南路、西藏南路口社区拥有近1平方公里的世博用地，是未来浦西世博园的"陆上大门"。为了擦亮这浦西世博"第一扇窗"，半淞园社区围绕"旧区改造"，努力演绎着世博会"城市，让生活更美好"的主题，建设现代宜居城区，从而推动居住区建设的定位逐渐走高，社区居住形式出现多元化。

居住区物质更新主要体现在：物质空间更新迅速，居住面貌发生巨大改变，社区逐步多元化的同时走向"绅士化"。商品房建设品质明显提升，逐步走向高档化。在本地区涉及到世博拆迁的住房中，70%为二级旧里以下，原本就属于旧区改造的重点。在世博规划范围以外，已有40余年房龄的如瞿溪新村、车中小区、海潮新村等老公房小区通过"平改坡"综合改造，就地实现了形象与成套率的"升级"。截至2005年底，区域人均居住面积已由1990年的6.6平方米提高到了14.8平方米；住房成

① 王伟强、郭欣：《大事件影响下的城市更新——以黄浦区半淞园、董家渡社区为例》，载王伟强主编：《理想空间》第18辑《文化、街区与城市更新》，同济大学出版社2006年版，第41页。

② 《半淞园街道一九八五年度工作总结（初稿）》，黄浦区档案局藏，档号：118-1-112。

③ 南市区志编纂委员会编：《南市区志》，上海社会科学院出版社1997年，第232页。

④ 胡宝琪：《一枝红杏出墙来——半淞园街道绿化工作巡礼》，《园林》1989年第2期。

⑤ 林流主编：《新时期社区建设与管理》，上海人民出版社1996年版，第234页。

⑥ 沈善初主编：《南市区续志1993年至2000年6月》，上海社会科学院出版社2003年版，第967页。

套率由1990年的31.6%提高到了82.5%。①

随着旧区改造力度的加大，半淞园街道内市政建设的配套设施也逐年得到改善。如20世纪80年代以前，街道内市政设施陈旧多，丙乙级道路多，挖路排管线多。特别是一些支弄崎岖不平，行走困难，是"三不管"的道路。②自1985年起，辖区拓宽翻建了三门峡路、新肇周路、丽园路、中山南路等24条马路，还翻修小石子和烂泥路面1.48万平方米，改建弄堂小路1.7万平方米。③街道绿化方面，半淞园街道原先素以"垃圾多、破烂多、乱搭乱建多"而闻名，自1985年起，街道一方面将辖区内450多个单位分成3个绿化协作组，将25个居委组建成地区协作组，统一部署并管理绿化工作，形成网络化；另一方面，每年认真抓好"植树月活动、五月花卉盆景展览、迎国庆花卉上街展览和街际菊展竞赛"④四次大型群众活动的契机，积极推进本地区的绿化工程。1988—1992年，半淞园街道绿化工作连续三次获上海市先进集体称号。

1993年以后，半淞园街道又联合区环卫所，从理清职责、理顺体制入手，按照"条包块管"的思路，改革环卫管理体制。其中，街道对本地区卫生工作实行综合管理和统筹协调，环卫所全面负责专业管理和清扫保洁任务，居委会干部负责宣传教育和检查督促，⑤从而推进社区环境卫生的长效管理。1996年开始，街道又进一步探索由环卫所把辖区爱国卫生、市容卫生、街坊里弄公共卫生的专业管理和日常作业全部承担起来，真正形成"条包块管"的"大卫生"格局，使卫生工作从"治标为主"转向"标本兼治"。至1999年底，半淞园路街道创建成上海市一级卫生街道。

半淞园社区的城市更新与完善不仅体现在住宅层次、道路系统、公用设施等显性层面上，还突出表现在街道经济结构与布局的更新与调整。从1978年至1998年，街道经济总体的发展趋势是逐步从摊、棚、亭、洞小打小闹的弄堂经济向综合性服务型的现代化都市经济方向发展。⑥

上海各区的街道经济初兴于20世纪70年代末80年代初，当时主要是为了解决大量在农村插队落户的知识青年回沪后的安置问题，南市区各街道曾先后成立了街道劳动服务公司、南市联社街道合作社、街道社会劳动服务公司等经济实体。其中，半淞园街道从1982年起先后组建合作联社、劳动服务公司、家务服务公司和民政福利公司等经济实体，下属单位“有商业，有加工，有产销，有修理，吃、穿、用、住，门类齐全”[①]，经营设施因陋就简，以摊（沿街设摊）、棚（沿路搭棚）、亭（找空地建亭）、洞（利用防空洞）为经营网点，以拾遗补缺为主要经营模式，走方便群众和解决就业相结合之路，就此形成了街道经济的雏形。

① 《半淞园街道一九八五年度工作总结（初稿）》，黄浦区档案局藏，档号：118-1-112。

00

半淞园街道一九八五年度工作总结（初稿）

随着城市经济体制改革的进行，在南市区委和区政府的领导下，我们半淞园街道党委、办事处紧紧围绕“以经济建设为中心，坚持二个文明一起抓”十二大总目标，以此来推动街道的各项工作的开展。一九八五年主要抓了以下七项工作：

一、贯彻中央决定，认真抓好机关整党工作。

根据中央的决定，区委部署，我们机关和劳动服务公司的２９名党员，从去年９月份起积极投入了一期二批整党，在整党期间，我们学习了“整党决定”“关于建国以来党的若干历史问题的决议”“关于经济体制改革的决定”“党章”“准则”以及中央一系列文件精神，开办四个专题对认识整党的必要性的认识；对彻底否定“文革”“清理“左”的错误认识；对经济体制改革的认识；对当前新形势下狠刹不正之风，增强党性的认识等问题进行了讨论。我们还组织党员瞻仰革命烈士公墓，观看先进模范事迹的电影。

在整党中，我们始终贯彻边整边改的精神，运用批评与自我批评的锐利武器，广泛开展了谈心活动，联系思想，联系实际，进行了个人对照检查。

通过整党，从思想上进一步清理了“左”的影响，克服了机关干部吃亏思想，提高了整党的信心，对共产主义的信念，树立了全心全意为人民服务的思想，增强了党性观念，大家看到，端正党风是端正社会风气的关键，抓好党风必须全党动手，一级抓一级，落实责任制，党委抓好领导班子，党支部抓好党员，党员干部要以身作则做表率，许多党员通过整党能自觉抵制不正之风，做到请客不到，送礼不收，有权不伸手。

经过整党，基本上做到了“统一思想，整顿作风，加强纪律，纯

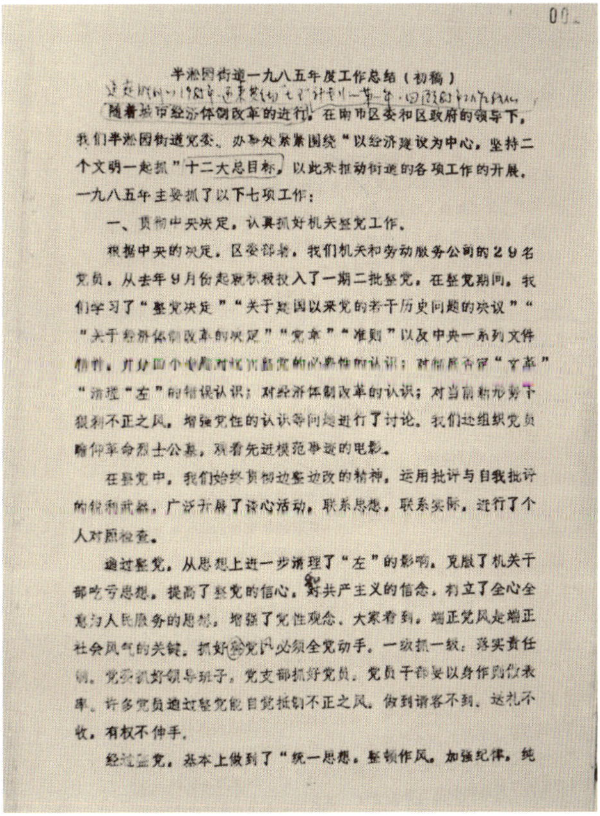

· 图 5-14，半淞园街道 1985 年度工作总结

自1985年起，为适应社会主义市场经济发展的要求，各街道在所属原有经济实体的基础上，组建了街道工贸公司。半淞园街道曾先后开办了“沪江百货商店”、“淞园贸易公司”、“振华贸易公司”、浙江乐清联营的淞园电器厂，并成立街道经济办公室，统一领导街道所属的36家基

层单位。其中，烟杂店4个，百货服装经营部5个，旅馆招待所6个，加工服务行业14个，托儿所7个。参加人数有1243人，其中待业青年324人，退休工人871人。① 不仅为安置社会闲散劳动力，解决下岗人员的就业作出了贡献，而且为社区精神文明建设提供了财力、物力的保障。

① 《半淞园街道一九八五年度工作总结（初稿）》，黄浦区档案局藏，档号：118-1-112。

1993年以后，随着"两级政府，三级管理"新体制开始实行，半淞园街道按照政企分开和市场化、专业化的原则，首先对原街道所属部分行政性管理公司实行改制，与街道脱钩，转变为资产经营性公司；对街道合作联社、社会劳动服务公司等小型集体企业进行经营机制转换，推行个人合伙经营或股份合作制，相继组建工贸总公司或实业总公司，实行企业归口管理，实现了管理权和所有权、行政管理和经营管理相分离。同时建立一些专业性的服务公司，如清洗服务公司、家电服务公司、快餐公司、车辆管理服务中心等，承接了原街道科室或派驻单位剥离出来的部门社区服务职能，为社区有偿服务的产业化发展创造了条件。

自1995年起，由于在资金、场地、人才等方面逐渐趋于竞争劣势，合作社直属工厂的效益开始逐年滑坡。为此，半淞园街道一方面对亏损严重的自管企业实行"关、停、并、转"。另一方面，及时将工作重心从"以直属经济为主"转向"以区域经济为主"，以旧区改造为契机，开始涉足房地产业、商业服务业和以加工为主的都市型工业，以构筑经济发展新的支撑点。1997年至1998年，半淞园街道又成立招商引资服务中心，按照国家发展重点产业的导向和市发展三大新兴产业的要求，根据南市区旅游、商贸、居住、服务的功能定位和以旧区改造为重点及以旅游、商业为主要特色的经济格局，以"拆除围墙、引大扶优、责权一致、公平待遇、综合配套、特事特办"为原则，引进项目、资金、技术、人才、企业，加大招商引资力度，发展包括国有、集体、股份制、联合、外资、私营、个体等多种性质的区域经济，为社区建设、管理和服务提供了雄厚的物质保证。

在街道经济方兴未艾的同时，半淞园社区加强精神文明建设，创建文明典范社区的需求应运而生。早在80年代末，街道就将开展社区教育作为加强精神文明建设的重要内容。组织编写《半淞园街道乡土介绍》，拍摄了《春满半淞园》录像片，对青少年进行爱国主义和革命传统教育。辖区科研机构积极支持街道社区教育工作，与街道一起兴建少年科技学校，由科研人员授课，设电子、英文打字、工艺、摄影等课目。

1993年以来，按照南市区委提出的"提高居民文明素质，提高居民文化生活质量和提高社区文明程度"的要求，半淞园路街道从定位功能和地区实际出发，制订精神文明建设规划，确定科学理论学习、思想道德宣传、文明小区创建、社区系列服务、城区环境优化、硬件设施配套6大任务。1997年，为深化创建社区文明，又细化了具体目标，由街道党政领导牵头，组织协调区城管、综治、民政、宣传、经济等部门及有关所、院、场，进一步明确责任落实。同时还成立社区创建文明窗口联谊会，组织辖区内各行业、各单位开展创建文明窗口竞赛活动，共同营造温馨的社区家园。至1997年，辖区有文明楼20幢，文明弄3条，51.8%的小区创建为文明小区（市级4个、区级5个）。1998年街道率先跨进了市文明社区行列。具体来说，半淞园街道力抓精神文明建设的主要内容有读书学习与素质教育两方面的活动。

在开展读书学习活动，创建学习型社区方面，1993年以来，街道与居委会集中力量投资兴建图书馆与图书室，组织群众开展各种形式的读书活动。街道里弄图书馆依托社区、面向家庭、服务大众，广泛参与社区读书平台建设活动，举办"七彩"家庭读书活动，与各个居委共建"豫园楼组读书网络"。同时，结合重大节庆，开展征文、演讲、影评、讲座、诗歌朗诵等的活动，推动以"三学"为重点的读书活动的深入开展，形成家庭联谊、法制、科普、拥军、文艺等51个特色读书楼组。[1] 此外，半淞园社区还根据老城厢居民的特点，以"读书大串门"与"社会热点大家讲"的形式，用书籍与讲座把一家一户的读书活动串联起来，使邻里之间的交往飘逸着崇尚文明的书香气息，为推进文明小区、文明楼组、文明家庭和提高居民的文明素质发挥了积极作用。

在开展特色教育活动，形成浓郁的素质教育氛围方面，半淞园街道主

[1] 沈善初主编：《南市区续志1993年至2000年6月》，上海社会科学院出版社2003年版，第970页。

要以科普宣传与教育为抓手，积极开展创建科普村、科普楼活动，选择居民文化层次高、科技人员集中居住的南江小区为典型，每年在小区内举办科普展示系列活动，推动面上科普活动的开展，建立起9支科普骨干队伍，先后创立了科技楼、花卉楼、保健楼、美食楼等科普楼组，在社区内营造"人人爱科学、讲科学、学科学、用科学"的氛围。① 从1996年起，南江小区连续被评为市级文明小区，1998年被评为市级科普村。此外，中南小区、西凌新村自1997年起也都连续被评为市文明小区。

作为地区街道和企业单位共同建设社区精神文明的一种新形式，从1997年开始，半淞园街道还成立了"社区资源共享协会"，通过资源共享，同创共建，新开辟近万平方米的资源共享活动场所，设立了社区俱乐部和英语角、戏曲角、拳操角、电脑角等，形成了南、中、北片三个社区活动基地，使居民休闲娱乐有去处，锻炼学习有场所，业余活动更充实。② 从2002年上海世博会申办成功后，"半淞园人"在展示社区精神面貌，传播城市文明面貌上还将不断争先创新，以文化、艺术、生活的方式传播友谊，向世界介绍一个真实、热情、开放的上海，让世界各国友人亲身体会上海"城市，让生活更美好"的世博会主题。

---

① 沈善初主编：《南市区续志1993年至2000年6月》，上海社会科学院出版社2003年版，第974页。

② 姜林、黄耀明主编：《物业管理岗位培训教程》，上海远东出版社1997年版，第435—436页。

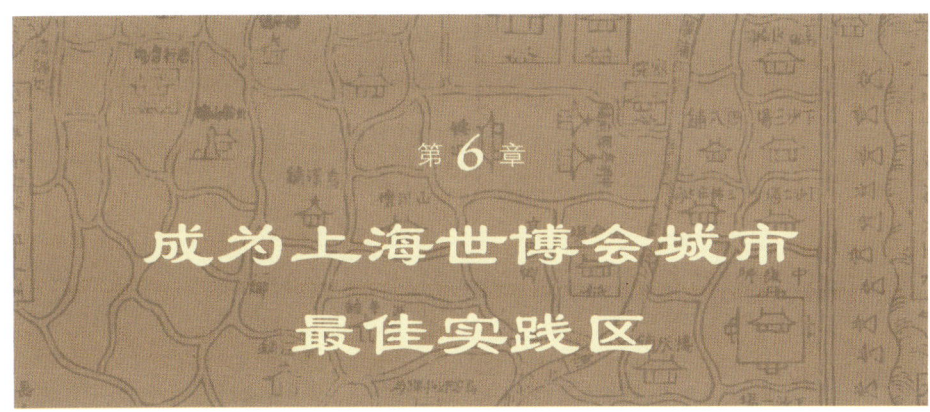

第6章 成为上海世博会城市最佳实践区

2002年12月3日,在摩纳哥蒙特卡洛,中国上海成功获得了2010年世界博览会的主办权。

举办一次综合性世界博览会是中国人民期盼已久的渴望,是一个国家持续三个年代的追求。20世纪80年代中国政府着手可行性研究,90年代初进一步为申办进行了发展战略研究、总体规划设计等方面的准备。2001年5月2日中国政府向国际展览局正式提出申请:由中国上海主办2010年世界博览会。中国2010年上海世界博览会,简称2010年上海世博会。这是首次在发展中国家举办综合类世界博览会。

2010年上海世博会的展期为6个月,2010年5月1日开幕,至10月31日闭幕。2010年上海世博会的主题是"城市,让生活更美好"。这一主题在世博会历史上第一次采用,它表达了全人类想在未来过上美好生活的共同愿望,反映了新世纪全新的经济和社会发展理念。2010年上海世博会,是世界经济、科技和文化博览的盛会,是展示一个更加开放、充满活力的中国走向世界、融入全球的重要舞台。

2010年上海世博会选择在黄浦江南浦大桥与卢浦大桥区域,并沿着黄浦江两岸进行布局,这是根据上海未来城市发展的方向并结合旧区改造而确定的。按照《上海市城市总体规划(1999—2020)》,上海未来城市发展的方向是将黄浦江两岸滨水区打造成一条重要的景观轴线及生态走廊,以创造宜人的亲水空间和城市公共活动场所,增添城市的活力与魅力。①

① 张燕,任家瑜:《国际大都市建筑文化比较研究》,学林出版社2010年版,第151页。

为了更好地演绎"城市"主题，上海在申办 2010 年世博会时即提出了在世博园区中设立"城市实验区"（Urban Laboratory）的设想。之后，经与国际展览局协商，并听取国际社会的多方建议后，世博会组委会把"城市实验区"改名为"城市最佳实践区"（Urban Best Practices Area，简称"UBPA"）。自此，城市最佳实践区所在的"城南"，踏着时代的脚步，开启了世博影响下的街区改造与更新的历程。

一、大事件影响下的街区更新

进入 21 世纪，人类社会在更大范围上"从工业社会走向后工业社会，从工业化时代走向信息时代，从城市化走向城市世纪"。① 无论是城市产业结构调整导致相关地区的衰落，还是城市传统工业区建筑、环境以及基础设施条件相对滞后与老化出现的功能性衰退，抑或是城市产业布局调整产生的城市功能质量的提升需求，都使得大量的城市旧区地段面临更新与改造的严峻形势。这其中，产业用地往往首当其冲。② 因此，推动旧城区和废弃产业区的改造，是遏止城市过度蔓延、节约土地资源的重要途径，也是优化城市结构、完善城市形态的重要方面，对推进城市可持续再生具有十分重大的意义。③

① 吴良镛：《世纪之交的凝思：建筑学的未来》，清华大学出版社 1999 年版，第 25 页。

② 参见王建国等：《后工业时代产业建筑遗产保护更新》，中国建筑工业出版社 1999 年版，第 11—12 页。

③ 参见周振华：《城市发展：愿景与实践——基于上海世博会城市最佳实践区案例的分析》，格致出版社 2010 年版，第 18 页。

· 图 6-1，上海世博会浦西动迁区 1

此届世博会城市最佳实践区的所在，位于整个世博园浦西E片区，为原上海市黄浦区半淞园、董家渡街道一部分，其范围：北至中山南路，南至黄浦江，东至南浦大桥，西至保屯路、望达路（西藏南路），原属南市区，现隶属黄浦区。该区域本身就是个污染严重、亟待改造的老工业基地。在世博动迁之前，落户在半淞园社区和董家渡社区有诸多大型工业企业，如上海南市自来水厂、南市电厂、九华袜厂、求新造船厂等等。从2008年9月28日正式开工，到2010年2月10日全面完工。城市最佳实践区在15.08公顷土地上建设了25个子项目、12万平方米的建筑物（含地下），总投资约人民币16亿元，其中2/3是对这些老厂房的改建。

· 图6-2，上海世博会浦西动迁区2

正如城市最佳实践区总策划师唐子来所言："四年前踏上这片土地，映入眼帘的是工厂密布和机器轰鸣的场景，我们开始充满激情地描绘未来蓝图：城市最佳实践区不仅是汇集来自世界各地的城市最佳实践的'世博亮点展区'，其本身也应当成为体现城市最佳实践精神的'街区改造范例'。"[1]一语道出了城市最佳实践区的核心理念，即在宜居环境品质、低碳生态模式、工业建筑再生、科技集成应用和地域文化特色方面，要充分体现可持续发展的理念，使之成为街区改造的最佳实践案例。[2]这一理念，在之后的一系列综合改造中得以充分体现。

[1] 上海世博会事务协调局编：《城市——最佳的实践：中国2010年上海世博会城市最佳实践区》，东方出版中心2010年版，第228页。

[2] 唐子来等编：《2010年上海世博会城市最佳实践区修建性详细规划》，载上海市城市规划行业协会编，《上海优秀城乡规划设计获奖作品2009—2010》，中国建筑工业出版社2011年版，第16页。

· 图6-3，拆迁前的半淞园街道

① 韩继红主编：《上海绿色建筑成果集2005—2010》，中国建筑工业出版社2011年版，第26—27页。

· 图6-4，世博园区的变化，2008年2月（郭长耀摄），选自徐逸波、翁祖亮、马学强主编《岁月：卢湾人文历史图册》，上海辞书出版社2009年版

位于城市最佳实践区南部的南市电厂主厂房和烟囱改建工程，是此次世博园区绿色建筑成果的一大典型，备受瞩目。因其所在地濒临黄浦江，周围地势开阔，适宜组织实施太阳能光伏一体化、江水源热泵技术、自然通风等绿色生态技术。项目在既有工业建筑可持续利用设计和创新技术应用方面具有显著特征，充分体现了"历史遗迹保护"和"建成环境的科技创新"。①

始建于 1879 年中国人自己经营最早、影响较大的民族电力企业，南市发电厂于 2007 年 9 月正式关停，实施综合改造。本次改建的主厂房建于 1985 年，改建工程在保留原厂房体形和高度不变的情况下进行内部加层，由原来的四层增加到八层，建筑面积也有相应地增加。整个工程于 2010 年 2 月竣工，2010 年 4 月投入运营。"南市发电厂的综合改造通过对既有建筑的改造，太阳能发电技术和江水源热泵技术等的应用，以及绿色建材的大规模使用等综合节能技术，避免了大量建筑垃圾的产生，提升了城市的空气质量，创建了美好的人居环境。"[1] 引河入区、低碳环保的新能源应用技术，让母亲河与实践区共同演绎着"城市发展与未来走向"的主题。

① 戴军，《2010 年上海世博园区绿地景观》，中国建筑工业出版社 2010 年版，第 177 页。

与此同时，设计者还特地保留代表传统活力发电的发电机组和大量附属设施，作为人们对近代工业文明记忆的传承与延续。发电厂区内高 165 米的大烟囱，也摇身一变为以不同颜色展现天气状况的"世博气象景观塔"。自此，巨型气温计造型的世博气象景观塔耸立在上海黄浦江畔，成为气象预报和气象预警的新型平台。

图 6-5，城市未来馆

除了由南市发电厂改建而成的"城市未来馆",其南区的一些工业建筑分别被改造为多个国家的"案例联合馆"。以案例联合馆1为例,设计单位为同济大学建筑设计研究院(集团)有限公司,建筑单位为上海世博土地控股有限公司,建筑面积4640平方米。案例联合馆1:

> 由3栋老厂房改造而成,该项目的特点是仿生外衣的概念。基地原有厂房结构保存完好,且工业历史痕迹清晰,设计师从仿生衣这个概念出发,在研究了蜂窝结构体的无限衍生性和单一性,又参考了昆虫类如蝴蝶翅膀等有机结构的趣味性后,对老厂房的外围护结构进行了改造和加工。①

① 郑时龄主编:《光影世博》,上海科学技术出版社2010年版,第159页。

·图6-6,案例联合馆1(本地治理、杭州、利物浦、苏州、威尼斯)

② 上海世博会事务协调局编:《城市——最佳的实践:中国2010年上海世博会城市最佳实践区》,东方出版中心2010年版,第215页。

案例联合馆2,同样也是对两栋老厂房进行改造,保留了原厂房的结构框架,将中部陈旧的部分厂房拆除,并在两栋老厂房之间增加了半透明维护结构,墙体花纹由意大利环境署参与设计,"有种低调的奢华,真没有想到老工厂也会有这份惊艳"。② 这些案例联合馆位于实践区的中部。在这里,一幢幢被改造的建筑本身,也成为世博舞台上"亮相"的展品。

大事件是城市更新的触媒,世博会是城市建设的催化剂。建设上海世博会园区是上海最大的旧工业建筑保护改造项目,有效保护世博会场地内的工业建筑遗产,并在世博会期间和世博会以后都得到积极利用,这是对

·图6-7，案例联合馆2（艾哈迈德巴德、不莱梅、弗莱堡、广州、蒙特利尔、葡萄牙、意大利环境署）

上海世博会主题作出的最好诠释：体现历史与未来的和谐。上海世博会完好地保护园区内的工业历史建筑，并且注入新的元素，在传承城市历史文脉的同时，产生新的用途，这是历史遗产与城市新生活的一次完美对接。①

① 吕建昌：《城市文化遗产保护的新理念——上海世博会给我们的启示》，载上海大学文科发展研究院编：《上海世博与上海发展》，上海大学出版社2010年版，第147页。

二、营造"城市最佳实践区"

城市的发展是人类文明的重要标志，与人类的命运休戚相关。正如著名城市史学家、社会学家刘易斯·芒福德所指出的："城市应当是一个爱的器官，而城市最好的经济模式应是关怀人和陶冶人。"② 城市承载的正是人类对美好生活的向往。因此，未来的城市会怎样？美好的设想都能实现吗？这正是城市最佳实践区力图通过自身的努力践行以及与参观者的互动，想要共同探讨和共同推进的一大课题。

② [美]刘易斯·芒福德著，宋俊岭、倪文彦译：《城市发展史——起源、演变和前景》，中国建筑工业出版社2004年版，第586页。

为此，上海世博会首次成立了城市最佳实践区案例的国际遴选委员会，从全球申报的一百多个案例中，评审遴选出在宜居家园、可持续的城市化、历史遗产保护与利用、建成环境的科技创新四个方面具有展示和推广价值的实践案例，参与上海世博会城市建设最佳实践区的展示。

从开始策划到遴选案例公布结果，前后历时近两年。

国际遴选委员会的主席由国际展览局秘书长洛塞泰斯先生、联合国副秘书长兼人居署执行人安娜·蒂贝琼卡女士担任，委员会成员由国际展览局、联合国人居署、联合国开发计划署、联合国环境规划署、联合国教科文组织、世界银行、经济合作与发展组织、世界城市联盟、巴黎市、日内瓦市、中国科技部、建设部、中国科技大学、上海世博局、上海世博土地控股有限公司 15 个委员单位组成。遴选严格遵循公认度、创新度、价值度三大原则，并最终从全球 100 多个城市申报的案例中遴选出 76 个具有创新意义和示范价值的案例组成城市最佳实践区。

2010 年 4 月，实践区的建设工程按照预期全面完工，布展工作也如期完成。5 月 1 日，全部案例正式开馆，满怀信心地笑迎八方宾朋。于是，在世博园区 3.28 平方公里土地上崛起了一座"城"，它虽只有 15.08 公顷，占地不足 5%，却展示着各个不同城市的追梦之旅——"城市，让生活更美好"的伟大梦想。自黄浦江边的苗江路通往中山南路方向，城市最佳实践区南部主题区域、中部联合案例展区以及北部模拟街区便依次呈现，各显风采。城市最佳实践区所在的南北街坊，由人行天桥连接贯通。"上桥观风景，下桥读城市"，实践区营造出一座座独立的"小城"，静候着游客身临其"城"，观赏、阅读。

· 图 6-8，中国 2010 年上海世博会城市最佳实践区导览图

在城市最佳实践区的南部片区，由原南市发电厂改造成的城市未来馆中的三楼，设置了案例报告展示厅。中国的扬州、周庄、佛山，美国的旧金山、德国的伯恩、西班牙的巴塞罗那、埃及的卢克索等20多个城市案例，先后在此进行了为期1—2周的短期展出。展出的方式以报告、研讨、多媒体、网络、展板、活动和表演为主。"开园后，这种展示方式成为了一个思想交流的重要场所。一些公共政策的案例以这种最契合的方式达到了较好的推广效果。"[1] 其中，14个案例还以"世博一课"的形式，使上海市中小学生从闭塞的课堂延伸拓展到事物案例旁，感受智慧带给他们的头脑风暴。

[1] 上海世博会事务协调局编：《城市——最佳的实践：中国2010年上海世博会城市最佳实践区》，东方出版中心2010年版，第216页。

表6-1 城市最佳实践区展馆案例（南部）

参展城市	展示主题
巴塞罗那案例	巴塞罗那新创新城区——地中海周
波恩－布卡拉案例	节能从学校抓起
东莞案例	松山湖：制造名城可持续发展的引擎
佛山案例	文明传承的佛山模式 ——陶文化在佛山的现在、过去、将来
广州案例	宜居家园建设——青山绿地行动
汉诺威案例	展示十年后克龙斯堡地区
香港案例	智能卡、智能城市、智能生活
巴黎大区案例	Ⅰ．城市的可持续发展：策略与治理 Ⅱ．打造未来的历史城市 Ⅲ．恢复与发展可持续城市的遗产
昆山案例	四韵昆山．生态导向持续城市活力
利物浦案例	Ⅰ．利物浦历史遗产保护与再利用 ——毕业典礼与荣誉学位授予仪式 Ⅱ．新型传染病及人兽共患疾病国际论坛

续表

参展城市	展示主题
卢克索案例	从古墓到新城以及卡纳克神殿开发治理工程
欧登塞案例	自行车的复活
罗纳阿尔卑斯案例	医学专题研讨会
罗萨里奥案例	罗萨里奥市河滨公共区域的建设管理
旧金山案例	全球变暖：通过姐妹合作，为国家模型探求本地方案
唐山案例	唐山南湖：中国采煤沉陷地生态修复的典范
维多利亚案例	未来的教室
乌镇案例	中国——乌镇历史遗产保护和实践
厦门案例	温馨城市·海上花园
延边案例	东北亚的绿色生态"金三角"，多民族的和谐幸福大家园
扬州案例	扬州古城保护
中山案例	博爱·和谐——让城市生活更美好
舟山案例	海岛，让城市生活更精彩
周庄案例	水"洗"出来的"第一"水乡

资料来源：由上海世博城市最佳实践区提供。

中部的展馆案例利用老厂房改建的展馆展示，共分4个联合展馆，内有33个展示案例，与参观者分享城市建设的经验。城市更新与改造的成功案例在这里集中展示，不胜枚举。

表6-2 城市最佳实践区展馆案例（中部）

参展城市	展示主题
苏州案例	苏州古城保护与更新
威尼斯案例	威尼斯历史遗产保护与利用的最佳实践

续表

参展城市	展示主题
利物浦案例	利物浦历史遗产保护与再利用
杭州案例	以西湖为核心的"五水共导"治水实践造就"品质杭州"
本地治理案例	面向经济和环境发展目标的遗产保护实践
蒙特利尔案例	圣米歇尔区的环境复合工程
不来梅案例	从知识到创新——城市交通解决方案
弗莱堡案例	弗莱堡沃邦居住区——旧军营生态改造范例
广州案例	城市建设可持续发展——水环境治理行动
艾哈迈达巴德案例	艾哈迈达巴德的城市管理倡议
鹿特丹案例	水城鹿特丹那
圣保罗案例	清洁城市法案
天津案例	中国天津市华明示范小城镇
杜塞尔多夫案例	经济发展与生活方式共生
阿雷格里港案例	基于地方社会共识的管治实践
开罗案例	历史老成复兴的一体化模式
亚历山大案例	亚历山大城市发展战略
首尔案例	首尔的文化经济
博洛尼亚案例	博洛尼亚的文化创意产业发展和社会包容政策
深圳案例	深圳大芬村：一个城中村的再生故事
布拉格案例	现代都市的历史遗产保护
马尔默案例	旧工业城市的可持续发展项目
日内瓦－苏黎世－巴塞尔案例馆	改善水质，让城市生活更美好
大阪案例	环境先进城市·水都大阪的挑战
毕尔巴鄂案例	古根海姆美术馆——城市战略中引领项目
巴黎／巴黎大区案例	一条母亲河、一处名胜地、一种生活态度

续表

参展城市	展示主题
北京案例	国奥村
巴塞罗那案例Ⅰ、Ⅱ	Ⅰ. 巴塞罗那市中心老城区 Ⅱ. 巴塞罗那新创新城区
香港案例	智能卡、智能城市、智能生活
伊兹密尔案例	城市沟渠再造——伊兹密尔的城市排污工程
台北案例Ⅰ、Ⅱ	Ⅰ. 迈向资源循环永续社会的城市典范 Ⅱ. 台北无限宽带——宽带无限的便利城市
意大利环境领土与海洋部	意大利风格的可持续发展城市

资料来源：由上海世博城市最佳实践区提供。

·图6-9，中部案例联合馆（阿雷格里刚、博洛尼亚、杜塞尔多夫、开罗、亚历山大、鹿特丹、深圳、圣保罗、首尔、天津）

① 上海世博会事务协调局编：《城市——最佳的实践：中国2010年上海世博会城市最佳实践区》，东方出版中心2010年版，第214页。

北部实物案例馆建设过程最为复杂，也最为精彩。与南部和中部案例馆最大的不同，是这些模拟城市街区的14个建设方案以1∶1的实物模型进行展示，让参观者提前领略和亲身体验未来城市的美好生活方式。这些实物案例"基于原型又高于原型，合和不同，共谱一曲华彩乐章"。①

表6-3 城市最佳实践区建设案例（北部）

参展城市	项目名称	展示主题
宁波	中国滕头"城市与生态和谐实践"	城市化的现代乡村、梦想中的宜居家园
西安	大明宫遗址区保护改造项目	历史文化遗产保护与城市现代化建设和谐共生
麦加	麦加米娜帐篷城	高密度、多功能宜居的帐篷城
温哥华	文化遗产和宜居城市	从1986年世博会到2010年冬奥会
上海	沪上·生态家	中国首座生态示范住宅
马德里	公共廉租屋的创新试验	城市和人文可持续发展
伦敦	零能耗生态住宅	住宅高密度与舒适生活的完美融合
汉堡	新耐久性建筑项目	汉堡之家——寄予美好愿望的建筑
阿尔萨斯	水幕太阳能建筑	太阳能带来的舒适生活
罗阿	城市环境下的环保能源和可持续家园 城市节能照明系统	自然环保的可持续家园 绿色照明与迷人夜景的完美结合
澳门	百年当铺"德成按"的修复与利用	历史文化遗产保护的创新做法
成都	活水公园	诠释活水文化、珍惜水资源
欧登塞	自行车的复活	自行车和骑车文化
葡萄牙	葡萄牙游客塔	可搬运的游客塔

资料来源：由上海世博城市最佳实践区提供。

图6-10，马德里案例馆

可见，这些案例无一例外，都围绕"宜居家园"、"可持续城市化"、"历史遗产的保护"、"科技创新"这四大主题进行演绎。略举几例：

伦敦零碳馆、沪上·生态家、宁波滕头村、马德里竹屋以及麦加帐篷屋城等实物案例均为我们展示了即节能环保又适合宜居的方案。伦敦案例的原型是英国非常著名的零能源消耗小区，该区域房屋利用太阳能、风能、生物能、雨水收集实现零碳排、低能耗；宁波滕头案例，从遥远的河姆渡稻作文明、蝴蝶纷飞的梁祝文化，到城市化现代乡村的实践，闪烁着江南文化底蕴与现代文明的精华；麦加米纳为每年穆斯林朝圣者准备的世界最大的帐篷之城，构筑着人类在极限条件下，实现高密度、多功能的宜居之梦。

在交通、绿化、环境及功能变化方面如何使我们生活的城市更加可持续发展，自行车在欧塞登的"复活"、圣保罗的城市清洁法案、成都活水公园等等提供了可资借鉴的经验。安徒生的故乡欧登塞，自行车在政府的支持下大力推广而获得极大成功，自行车出行在降低交通事故死亡率、增加市民平均寿命、节省社会福利费等方面都发挥着积极地作用；

成都活水公园，展示的是作为世界上第一座以水为主题的城市生态环境公园，如何秉承"天人合一"、"人水相依"的理念，使污水在自然的状态下由"浊"变"清"，由"死"变"活"，人类与水和自然共生共融的和谐生活。

图6-11，世博园区交通出行

利物浦港口展示案例、澳门"德成按"等是历史遗产保护的生动案例。始建于1917年的澳门当铺"德成按"，变身为文化会馆和典当博物馆，并成立第一家金庸图书馆，在重视澳门典当业发展历史的同时，再现了澳门悠久的武术文化，成为"官、民、商"结合对历史文化遗产进行保护的典型样本。

香港的智能一卡通、台北"无线宽带、宽带无线"的便利等等则以展馆展示的方式传递着科技创新在城市中运用的成功做法。

总之，绿色、环保、低碳、无疑是未来城市致力于实现的目标；新能源、新技术、新经验，是实现这一目标的路径和手段。世界各地的城市"各显神通"，借助城市最佳实践区这一平台，尽情演绎着"城市如何成为人类生活的美好家园"这一"时代议题"。同时，也更加突出了"城市最佳实践区"的"实践"主题——"'实践'是检验真理的标准，是用实证的态度来解决问题，实现人类梦想更需要人们不断地实践总结"。①

① 上海世博会事务协调局编，《城市——最佳的实践：中国2010年上海世博会城市最佳实践区》，东方出版中心2010年版，第216页。

三、上海世博会的召开：
共享城市实践的创新成果

城市最佳实践区集中体现了全球最具代表性的城市为提高城市生活质量所做的公认的、创新和有价值的各种实践方案和实物，同时也为世界各城市提供了一个交流城市建设经验的平台。从最初的策划布展到实际的运营，得到社会各界的广泛关注。

2010年1月15日，上海世博会筹办进入最后冲刺阶段。正在上海考察的胡锦涛总书记首先来到上海世博园浦西区，考察了设在这里的城市最佳实践区。"胡锦涛兴致勃勃地考察正在施工的建筑，观看介绍城市案例的展板，仔细了解工程建设和布展工作进度。得知这里将汇集国内外50多个最具代表性和创新性的城市案例，总书记对这一创意表示赞许。"① 时任上海市委书记俞正声、常务副市长杨雄等也曾先后多次来到实践区现场倾听民意、指导工作。

2010年5月1日到10月31日，中国与世界相约。齐聚上海，共襄盛举，一同探讨"城市，让生活更美好"（Better City Better Life）的主题。184天、190个国家、56个国际组织以及中外企业、200多万志愿者、7308万参观者，共同铸就了一届成功、精彩、难忘的世博盛会。"浦东看世界，浦西看未来"，是对上海世博园黄浦江两岸园区特色的最简明概括。自开园以来，位于浦西的城市最佳实践区经历了由"冷"到"热"的变奏，这中间，既有组织者和参展方的共同努力，更有观众从看热闹到看门道的蜕变。②

作为上海世博会两大创新两点之一，城市最佳实践区逐渐吸引了海内外各界的目光。瑞士联邦主席一行、西班牙首相、丹麦亲王、意大利副总理、泰国国际经济事务所、巴塞罗那市长、哥伦比亚市长、加蓬代表团、伊兹梅尔代表团、阿根廷市长等众多国际友人纷至沓来。世博盛会的184天里，

① 上海世博会事务协调局编：《城市——最佳的实践：中国2010年上海世博会城市最佳实践区》，东方出版中心2010年版。

② 姚玉洁：《城市最佳实践区由"冷"变"热"的变奏》，《新华每日电讯》2010年6月3日，第7版。

图 6-12，丹麦亲王与奥登塞案例馆工作人员

海内海外万众齐贺，城市最佳实践区陆续迎来了近 1600 万游客驻足参观。

时任国家总理温家宝在上海世博会高峰论坛上的讲话中，高度评价说：" 首次设立的城市最佳实践区，用一个个生动的案例、逼真的模型，展示了世界各国在城市建设和管理方面的智慧，描绘了未来城市生活新模式。这些新理念反映出人类对发展含义的理解更加科学，在谋求发展的道路上更加理性成熟，必将对未来的经济发展方式、产业结构和消费方式产生深远的影响。"①

2010 年 10 月 30 日，城市最佳实践区荣获国际展览局银质奖章。12 月 27 日，城市最佳实践区获中共中央、国务院授予的 "上海世博会先进集体" 称号。

在引来如潮赞誉的同时，城市最佳实践区更在体会和收获着一份内在的喜悦——共同分享城市实践的成果，而这正是参展方所热切期待的。仅在世博会期间，就有 6 项合作协议签署。它们包括：上海住房保障和房屋管理局与西班牙马德里市政规划及住房部签署的 "住房保障合作框架协议"；上海大众出租与德国不来梅共同携手打造中国式 "汽车共享" 模式；上海的 18 个区县在编制 "十二五" 规划时，都直言吸取了城市最佳实践

① 上海世博会事务协调局编：《城市——最佳的实践：中国 2010 年上海世博会城市最佳实践区》，东方出版中心 2010 年版。

① 上海世博会事务协调局编：《城市——最佳的实践：中国2010年上海世博会城市最佳实践区》，东方出版中心2010年版，第4页。

② 姚玉洁：《城市最佳实践区由"冷"变"热"的变奏》，《新华每日电讯》2010年6月3日，第7版。

③ 参见周振华主编：《城市发展：愿景与实践——基于上海世博会城市最佳实践区案例的分析》，格致出版社2010年版，第18页。

区相应案例的经验；天津市政府亦要专门拍摄城市最佳实践区的多集专题片，在天津的现代化建设中加以学习运用。诸如此类，还有其他城市要在打造生态城市中"复制"城市最佳实践区的案例。① 城市建设的经验，城市实践的成果，由此得以传播、实现共享。

"城市最佳实践区是2010上海世博会的灵魂（To the UBPA, central piece in the soul of the Expo）"，国际展览局秘书长洛塞泰斯一语中的。这里"可看、可玩、可思、可乐，这里超越了国家和民族，是人与地球生存的对话，人类试图修复在工业化进程中对地球造成的伤疤，与环境和谐共处"。② 总的来说，这个"魂"主要体现在：（1）倡导城市发函应该珍惜大自然的赋予，积极应对城市发展中的资源与环境问题；（2）积极保护和利用城市历史遗产，大力促进多元文化发展；（3）积极倡导尊重差异，扩大社会包容性，促进各种人群的社会融合、文化融合，实现可持续发展；（4）积极探索城市发展的多元化道路，努力打造城市个性与特色；（5）努力发掘城市创造潜力，培育城市创新潜能，激发城市创意潜质；（6）缓解城市贫困，关注人居和谐；（7）积极推进公众参与的城市治理，加强政府、非政府组织和企业之间的合作，共同推动城市经济社会的发展，共同享有城市发展的成果。③ 这正是世博会留给我们的一笔精神财富。

图6-13，实践区南街坊建筑实景图1

· 图6-14，实践区南街坊建筑实景图2

  2010年上海世博会首次将"城市"作为参展主题，是世博159年历史上从未留下的足迹。城市最佳实践区已然成为典范，将永载世博会史册。

  然而，城市最佳实践区作为街区改造，返利的实践过程是长期的，将在世博会以后成为上海城市发展的新地标，显示出经济、社会和环境的可持续效应。而工业建筑再生和世博文化遗产必将为这一街区的"后世博发展"增添独具特色的"文化附加值"。[1] 城市最佳实践区的蜕变与重生，让人迷恋，令人憧憬。而城市实践的脚步，将更加从容、一往无前；怀揣美好梦想的人们，将继续在这座城市同生共息，谱写崭新的历史篇章。

[1] 唐子来等编：《2010年上海世博会城市最佳实践区修建性详细规划》，载上海市城市规划行业协会编，《上海优秀城乡规划设计获奖作品2009—2010》，中国建筑工业出版社2011年版，第21页。

附：

上海世博会场地：位于南浦大桥和卢浦大桥之间的滨水区域，并沿着上海城区中心黄浦江两岸进行布局。世博园规划用地范围为5.28平方公里。围栏区域（收取门票）为3.28平方公里。

A 片区：中国馆、外国国家馆（部分亚洲国家）
B 片区：主题馆、外国国家馆（部分亚洲国家和大洋洲国家）、国际组织馆、世博中心、世博文化中心
C 片区：外国国家馆（欧洲、美洲和非洲国家）
D 片区：世博博物馆、足迹馆、企业馆
E 片区：企业馆、城市最佳实践区、城市未来馆

四、城市最佳实践区后续开发与利用

2010年上海世博会城市最佳实践区是世博会历史上的一个创举，获得大众媒体和国际社会的广泛好评。世博会虽已降下了帷幕，但城市最佳实践区继续演绎"城市，让生活更美好"的世博主题的使命仍未结束。根据原世博会地区的后续发展规划，占地约15公顷的城市最佳实践区将作为街区改造范例，依托后世博开发和上海建设世博滨江文化博览商务区的发展契机，在延续世博会期间的基本建筑格局的基础上，打造集创意设计、交流展示、产品体验等为一体，具有世博特征和上海特色的文化创意街区，为上海城市的"后世博发展"树立新的标杆。

根据上海"十二五"产业发展规划，创意产业将跻身成为这座城市的新兴支柱产业。创意功能已成为当今国际大都市着力培育的重要功能。它既是支撑国际大都市产业发展的新增长点，又是城市发展的灵魂所依和魅力所在，文化、文化产业、创意空间是城市"软实力"的最佳体现，对提升城市品质，形成城市发展的独特竞争力具有重要意义。借助上海

在文化创意产业方面已形成的先发优势和引领地位，城市最佳实践区的后续发展将围绕这一产业作为发展主线，打造高起点规划、高品质开发、功能高度复合的文化创意街区，为助推上海迈进国际文化创意之都的行列，提升上海在文化创意产业领域的影响力和带动力发挥积极作用。

秉持"一业为主、多业融合、魅力元素嵌入"的发展理念，城市最佳实践区以顶级国际交流功能为核心，汇聚展览展示、创意创新、特色商业、文化体验等功能形态，以"主题式综合呈现"的维度横向融合文化创意产业各环节，从而放大多业态协同的产业聚集效应。通过聚焦八大业态，包括花园公司总部、文化创意食尚、特色主题零售、乐活展示中心、世博创意秀场、零碳精品酒店、智慧体验市集、活力互动娱乐等，促进城市最佳实践区建成"文化创意产业的独特集聚区、世博文化遗产的重要承载区、低碳生态发展的最佳实践区、充满活力的复合街坊和彰显魅力的城市客厅"。

转型后的城市最佳实践区将不只提供文化创意产业的办公场所，还将提供产业发展所带来的商务洽谈、产品展示、社会交往、文化休闲等相关设施和载体，让身处其中的文化创意产业企业和工作者能够互动协调和自由交流。通过最大程度营造激发创造梦想与能量的氛围，城市最佳实践区将形成一个具有内部创造力、外部竞争力的跨行业、跨区域的全球性文化创意产业自治体，与入驻园区的国内外文创企业、机构一同携手打造具有国际影响力的文化创意联盟。

基于这样的开发理念，在业态布局上，城市最佳实践区将对各业态的规模配比进行总量控制，其中规划商务办公建筑面积约占40%—50%，商业服务建筑面积约占25%—30%，文化娱乐建筑面积约占25%—30%。从空间上划分，实践区北面街坊以商务办公为主；南面街坊以商业和文化休闲为主，形成复合互补、动静相宜的布局。

在上海众多的创意产业园区中如何独树一帜、创出自己的品牌和特色是关系到城市最佳实践区持续、稳健、健康发展的关键命题。城市最佳实践区地处"上只角"的中心城区，位于世博滨江文化博览商务区与浦江

· 图 6-15，世博创意秀场全景图

文化创意集群的中心地带。伴随上海"创新驱动、转型发展"的深入推进，中心城区也进入了战略崛起的新关键期。作为这一区域的重要空间节点，城市最佳实践区有责任也有能力为新一轮的城市发展提供坚实载体。

为此，城市最佳实践区将着力构建"两个中心"，分别是"设计中心"与"文化时尚中心"，从而使区域创意创业聚集的能级得到加倍提升。

其中,"设计中心"将建成涵盖城市规划、城市设计、建筑设计、规划咨询和创意设计等领域的综合性研发设计基地,引导并助力于新兴的文化创意产业企业汇聚和成长,扩大产业聚集的辐射效应和溢出效应,使产业集群作用得到最大程度地发挥。

"文化时尚中心"则将打造新型"体验式"的购物休闲中心,通过吸引全球知名消费品牌、艺术博物馆、私人收藏家,以及品牌设计师、艺术家和工作室入驻,将"高端工艺制作流程"的现场展现融入消费者的购物体验中,使人们近距离感知可触碰的艺术,了解经典品牌背后的历史与文化积淀。

· 图 6-16，世博创意秀场活动实景图 1

"世博创意秀场"是"文化时尚中心"的重要组成部分。通过引入具有世界级影响力的设计品牌、知名设计公司，"世博创意秀场"将成为各类颁奖典礼、品牌发布会、文化名人交流论坛、赛事庆典等的重要举办场所，为创意设计、文化演艺和展示交流提供平台，并促进城市最佳实践区形成面向全球、能产生重大影响力的文化活动和高端社交场地的品牌。自 2011 年起，"世博创意秀场"以其 2000 多平方米无柱设计的灵活空间和简洁现代、富于表现力的膜结构外观造型，已成功举办了一系列服装品牌发布、汽车新品发布、时尚产品发布展示、品牌创意设计演艺等活动。

由于内在属性与外在形象的相契合，围绕"两个中心"的建设，一批著名城市规划设计、建筑设计、时尚设计、机械设计、低碳设计及创意商业企业选择了落户这里。

一个成功的文化创意园区不应是一个孤傲的文化创意堡垒，而应成为与城市生活融为一体的复合功能街区，为来自世界各地的文化创意人才提供生活、工作、休闲的美好城市环境。因此，城市最佳实践在后续开发中将更突出公共特性。倡导绿色通行，将在街区范围内形成完整的步行网络，北端对接轨交站点等各种相对分散的交通出行方式，南端连接黄浦江沿线的滨水绿带，东西两侧则分别设置出租车侯停点和自行车停放点。在贯通南北的中轴线和主要户外空间沿线上，将形成公共用途的积极界面。

城市最佳实践区也将更突出开放特性。广场和绿地分别形成南北街坊的开放空间核心，一条南北向步行轴线贯通整个区域，串联开放空间核心和各个建筑组团。轴线及主要沿线上将构建一系列具有公共开放用途的积极界面，如主题广场、街区绿地、林荫步道、建筑院落、街角空间、步行巷道等，构成功能有别、规模不等、形态各异、错落有致、收放相间、富有层次的开放空间体系。

为满足公共、开放空间的需要，同时提升区域环境的整体性和连续性，打造适于商业氛围的尺度空间，城市最佳实践区室外总体改建工程于2012年底启动，对总面积约8万平方米的室外开放空间系统性地进行优化改建。该项目经由国际前沿景观设计公司的精心设计和本土权威专家的细致论证，一方面对世博遗留资源充分挖掘，进行场所和技术等方面的适应性改造，以传承世博记忆，延续国际城市之间的文化交流特色；另一方面结合后世博转型的园区开发需要，通过提高绿化覆盖率、增加植株品种、营造景观小品等，进一步美化环境，并提高与周边社区的有机衔接，以体现空间环境的公共性、连续性和"人本位"理念，使人们通过打造景观亮点、丰富园区的趣味性，城市最佳实践区将形成一系列具有特色的景点，实现创意在景观中的多层次展现。城市最佳实践区标志性景观包括：

空气树——在有特殊活动的期间将作为舞台被大众使用。道路和通廊上新增的成排的树木、户外家具以及特色灯带不仅彰显了这个区域的特征，同时也促进了建筑租户之间的活动和交流。

玫瑰园——在充分保留和利用世博期间玫瑰园植株和设计概念的基础上进行升级改造。更宽的道路和聚集区能够适应和满足团体聚会的需求。通过对传统的"玫瑰凉亭"的现代诠释，使得在玫瑰园中进行户外互动活动和小型庆典活动成为可能。"法租界"风格的悬铃木也被用来作为两国之间的历史关系的象征。透水砾石道路则有助于提供雨水渗透和地下水补给。

活水公园——在世博会上广受好评的成都活水公园在今后的保留和翻新改造中，建筑物和相关基础设施将采用更持久耐用的材料进行重建，贯彻可持续设计的建筑理念，延续与"水资源可持续利用"相关的展览主题，为到访者提供丰富的户内外公园体验。

艺术广场（北部漫步街区）——由雕塑草坪、榉树树阵和雨之树广场三部分组成。雕塑草坪位于活水公园和中央林荫道的交界处，大型雕塑艺术赋予该位置以鲜明的标志，周围的广场和空间设计均考虑了活动的尺度。中央林荫道的榉树树阵保留并延伸了世博会期间沿着中央廊道成排排列的榉树设计手法。树荫下设计了碎石铺就而成的广场，为周围设计工作室和展览空间提供了小型聚会区域。雨之树广场将主要作为一个户外休憩区和为周围建筑提供聚集的空间。

雨之匣——创造具有纪念意义的抬高的"景观空间"，采用艺术的手法连接园区南、北两个街坊，以增强园区的整体性。

气泡花园——花园与"气泡主题建筑"的底层紧密相连，建筑的二层则是餐饮和配套服务功能。景观设计富有图案性和拼贴性，适合从高处观赏。户外休憩区域和雕塑展示空间也被融合到设计中。树木和路径的组成方式突出了花园东侧令人难忘的天际线美景。原有的连接建筑二层的巨型台阶被移除，取而代之的是架高的餐饮和观景平台。平台提供了与黄浦江之间重要的视觉联系。

高迪广场——因巴塞罗那市政府赠送的著名西班牙设计师高迪设计的蜥蜴雕塑复制品而命名。广场的建筑物具有高度精巧的立面处理，创造出一个极富戏剧性的独一无二的空间。细长水景的运用将成为主要引导元素，新增加的照明装置效法高迪设计中的常见手法，为区域增添一份创新和设计感。

滨河广场——精心设计的富有节奏的大型喷泉丰富和激活了该空间，

·图 6-17，世博创意秀场活动实景图 2

·图 6-18，世博创意秀场活动实景图 3

并可根据各类活动的举办需要进行调整。大型景观地则形象地象征了区域在半淞园时期的山体，通过地形的抬升，在林荫道和主广场间提供了一个很好的视觉屏障，也使广场的灵活性和功能的多样性得到了最大化的使用。

城市最佳实践区后续开发是国内传统文创产业园区向复合功能低碳园区升级发展的先行实践，是一次从开发理念、开发模式到项目实施的全局转变。城市最佳实践区在传承世博会低碳环保理念的基础上更进一步，把低碳实践从单体建筑扩展至整个街区，通过

· 图 6-19，城市最佳实践区全景图

提升周边居民的宜居感和区域内宜工作、宜休闲的环境属性，使"城市，让生活更美好"的世博精神得到延续。为使生态街区的建设更具指导性和可操作性，城市最佳实践区于2012年启动了LEED-ND（绿色街区）铂金级认证申请工作。

LEED-ND认证（全称LEED for Neighborhood Development）是全世界第一个集聪明增长、城市规划和绿色建筑原则为一体的国际评估体系，由美国绿色建筑委员会（USGBC）、新城市规划协会（CNU）和自然资源防御委员会（NRDC）联合审核，为高标准的环境建设和可持续设计提供独立权威的第三方认证。LEED-ND强调了可供公众共享的多样化开放社区和基于生态原则的景观环境建设在发展绿色街区中的重要作用。该评

估体系采用评分制,并设有四个认证级别,根据项目得分不同,从高到低依次为铂金级、金奖级、银奖级和认证级。

凭借 LEED-ND 绿色评估体系多年的理论研究成果,城市最佳实践区从社区层面的生态规划入手,将生态建设指标细分并量化为符合自身发展特点的操作准则,并在执行过程中不断拓展新思路,促进有利于园区可持续发展的"软环境"建设。沿承世博会在可再生能源、节能技术、低碳交通、水处理技术和固体废弃物的先进成果和经验,城市最佳实践区探索更宽广的节能技术运用领域,城市最佳实践区用黄浦江水制冷、供暖,为区域集中功能;用多维叠加的公共绿地固碳减排,在营造绿意空间的同时也给区域带来了绿岛效应的附加增加作用;用领先的低碳节能体系指导旧厂房的翻新改造,在建筑物颇具历史韵味的外衣下加入了绿色环保的内芯,使设计、施工和运营管理等各个环节实现全寿命周期内的节能减排。2013年4月,城市最佳实践区成功通过美国绿色建筑协会的审核,成为北美地区以外首个获得 LEED-ND 最高级别铂金级预认证的项目。

传承历史文脉,续写精彩未来。当人们对美好城市的意向憧憬经过我们这代人的手在这里逐一构筑成现实,城市最佳实践区的明天一定会更好。

·图6-20,园区夜景图

附 录
图片目录

卷首图片

1. 浚浦总局黄浦江图（城南局部），1922
2. 从卢浦大桥到南浦大桥，浦西一侧，从浦东拍摄，2014年5月22日
3. 世博会城市最佳实践区，从浦东拍摄，2014年5月22日

第一章

图1-1， "温度计"

图1-2， 上海市人民政府文件，关于世博会地区最佳实践区的规划范围

图1-3， 明弘治十七年（1504年）《上海志》所附"上海县地理图"

图1-4， 上海县城内外图，邹怡改绘

图1-5， 清嘉庆十九年（1814年）《上海县志》所附"乡保区圄图"

图1-6， 清同治十年（1871年）《上海县志》所附"江南机器制造局图"

图1-7， 清光绪二十一年（1895年）《江苏全省舆图》中的"上海县图"，图中标示"南关"

图 1-8， 1902 年（壬寅年），"上海通商内外舆图"，标示城南一带

图 1-9， 黄浦指南图

图 1-10， "沪南区地籍图"，1933 年刊印

图 1-11， 1937 年"上海市区域现状图"，上海城南一带局部图

图 1-12A，上海鸟瞰地图，局部

图 1-12B，上海鸟瞰地图

图 1-13， 1941 年版"最新大上海地图"，城南一带局部图。日本堂书店发行

图 1-14， 1953 年"上海市分区街道图"局部图

图 1-15， 1960 年"上海市市区图"局部图

图 1-16， 1971 年"上海市交通简图"局部图

图 1-17， 南市区行政区划图与政区沿革图，选自《南市区志》

图 1-18， 1995 年南市区行政区划图，选自《南市区志》

图 1-19， 2013 年上海世博会实践区一带地图

图 1-20， 城市最佳实践区，摄于 2014 年 5 月 15 日

第二章

图 2-1， 上海县城墙

图 2-2， 《长春园附集》内容（选）

图 2-3， 《长春园附集》封面

图 2-4， 上海县城图

图 2-5， 清同治《上海县志》，城南河流

图 2-6， 上海县城西门外一带的河流，船只往来的景象

图 2-7A，《沪南区地籍图》，六图来字圩，1933 年刊印

图 2-7B，　《沪南区地籍图》，六图往字圩，1933 年 刊印
图 2-8，　　清同治《上海县志》所附"上海县全境图"局部图
图 2-9，　　清同治《上海县志》"上海县浦西乡保区图"
图 2-10，　 上海县城西周围
图 2-11，　 沪南果桔三山会馆碑记，选自上海博物馆图书资料室编：
　　　　　　《上海碑刻资料选辑》

第三章

图 3-1，　　浚浦总局黄浦江全图，1922 年
图 3-2，　　浚浦总局黄浦江全图（局部），1922 年
图 3-3，　　WHANG-POO RIVER WHARF & GODOWN BLOCK BOOK（《浦江码头栈房指南》，英文），上海社会科学院历史研究所图书资料室特藏
图 3-4，　　WHANG-POO RIVER WHARF & GODOWN BLOCK BOOK（《浦江码头栈房指南》，英文），上海社会科学院历史研究所图书资料室特藏
图 3-5，　　《沪南区地籍图》1933 年刊印
图 3-6，　　《申报图画周刊》，（1931 年 7 月 5 日第 58 号）绘制的"大上海计划图"，涉及沪南工业区
图 3-7，　　大上海建设
图 3-8，　　制造局大门外，选自《江南制造总（分）局全图》
图 3-9，　　《申江胜景图》图片，江南制造局
图 3-10，　 江南制造局军火处检查房
图 3-11，　 城南炮队营营房

图 3-12，江南制造局炼钢厂

图 3-13，近代江南制造局平地全图，上海市档案馆藏

图 3-14，美国实业考察团考察求新造船厂

图 3-15，沪南区六图往字五号户地地形图中的内地自来水公司

图 3-16，内地自来水公司地籍，《沪南区地籍册》，1933 年刊印

图 3-17，华商电气公司地籍，《沪南区地籍册》，1933 年刊印

图 3-18，六图往字圩，载《沪南区地籍图》，1933 年刊印

图 3-19，沪南一带企业，《上海之工业》

图 3-20，城南地区的道路分布图，《袖珍上海里弄分区精图》，葛石卿等编纂绘制，国光舆地社 1946 年版，作者书社发行

图 3-21，沪南公共汽车二路

图 3-22，《上海市轮渡》，上海市兴业信托社市轮渡管理处编，1937 年刊印

图 3-23，《上海市轮渡》，上海市兴业信托社市轮渡管理处编，1937 年刊印

图 3-24，法商董家渡水厂全景

图 3-25，日本侵略军的军舰来到上海

第四章

图 4-1，哈佛大学电机铁路硕士于张园为紫金小学才艺展览会助展，载《申报》1913 年 7 月 13 日，第十版

图 4-2，半淞园开工建设，载《申报》1920 年 9 月 25 日，第十版

图 4-3，半淞园开幕，载《申报》1918 年 8 月 6 日，第十一版

图 4-4，沈志贤担任中华懋业银行华经理，载《申报》1917 年 2 月

24 日，第十版

图 4-5， 半淞园之景，《沪宁沪杭甬铁路第三期旅行指南》，沪宁沪杭甬铁路管理局 1922.1 版（1）

图 4-6， 阎锡山到沪以沈家花园为行辕，载《申报》1928 年 12 月 11 日，第十三版

图 4-7， 《申报》刊载姚伯鸿"沈家花园并不开放"的新闻，载《申报》1916 年 7 月 26 日，第十一版

图 4-8， 半淞园之景，《沪宁沪杭甬铁路第三期旅行指南》，沪宁沪杭甬铁路管理局 1922.1 版（2）

图 4-9， 半淞园大门口处的九曲桥

图 4-10， 半淞园湖心亭

图 4-11， 半淞园内"江上草堂"对面的茶室

图 4-12， 半淞园之景，《沪宁沪杭甬铁路第三期旅行指南》，沪宁沪杭甬铁路管理局 1922.1 版（3）

图 4-13A，卢永祥为南北议和代表王揖唐在半淞园洗尘，载《申报》1919 年 9 月 20 日，第十版

图 4-13B，卢永祥

图 4-14， 半淞园开放公告，载《申报》1918 年 10 月 1 日，第十一版

图 4-15， 半淞园灯彩游艺大会，载《申报》1934 年 7 月 28 日，第十二版

图 4-16， 端阳节半淞园龙舟赛，载《申报》1924 年 6 月 7 日，第十三版

图 4-17， 半淞园之景，《沪宁沪杭甬铁路第三期旅行指南》，沪宁沪杭甬铁路管理局 1922.1 版（4）

图 4-18， 半淞园之景，《沪宁沪杭甬铁路第三期旅行指南》，沪宁沪杭甬铁路管理局 1922.1 版（5）

图 4-19，半淞园之春，《图画时报》第 356 期

图 4-20，1920 年 5 月 8 日毛泽东在半淞园欢送赴法勤工俭学的新民学会会员，选自《南市区志》

图 4-21，半淞园内举办国货运动会，载《申报》1927 年 8 月 5 日，第十三版

图 4-22，半淞园内国货运动的报道，载《申报》1927 年 8 月 7 日，第十三版

图 4-23，半淞园内国货大会盛况，载《申报》1927 年 8 月 12 日，第十六版

图 4-24，半淞园游记之半淞园的一瞥，载《申报》1934 年 5 月 4 日，第十七版

图 4-25，半淞园售票刊报，载《申报》1918 年 10 月 6 日，第十一版

图 4-26，桃花初放的半淞园，《图画时报》第 348 期

图 4-27，日本侵略军轰炸上海时的战机

图 4-28，日本 1939 年出版的"上海鸟瞰地图"部分，图中标注半淞园

第五章

图 5-1，半淞园路街道办事处

图 5-2，半淞园里委会区域图

图 5-3，上海南市发电厂

图 5-4，上海南市自来水厂，选自《南市区志》，上海社会科学院出版社 1997 年版

图 5-5，半淞园里委社会调查

图 5-6，　中共上海市南市区半淞园路街道组织史资料

图 5-7，　上海求新造船厂，选自《南市区志》，上海社会科学院出版社 1997 年版

图 5-8，　上海求新造船厂，选自《南市区志》，上海社会科学院出版社 1997 年版

图 5-9，　求新造船厂为扩大锚链生产要求增加部分生产场地的报告

图 5-10，　求新造船厂工人理论学习

图 5-11，　街道里弄生产情况的调查报告

图 5-12，　半淞园街道车前里弄编结加工组

图 5-13，　半淞园街道工作情况报告

图 5-14，　半淞园街道 1985 年度工作总结

第六章

图 6-1，　上海世博会浦西动迁区 1

图 6-2，　上海世博会浦西动迁区 2

图 6-3，　拆迁前的半淞园街道

图 6-4，　世博园区的变化，2008 年 2 月（郭长耀摄），选自徐逸波、翁祖亮、马学强主编：《岁月：卢湾人文历史图册》，上海辞书出版社 2009 年版

图 6-5，　城市未来馆

图 6-6，　案例联合馆 1（本地治理、杭州、利物浦、苏州、威尼斯）

图 6-7，　案例联合馆 2（艾哈迈德巴德、不莱梅、弗莱堡、广州、蒙特利尔、葡萄牙、意大利环境署）

图 6-8，　中国 2010 年上海世博会城市最佳实践区导览图

图 6-9,　中部案例联合馆　（阿雷格里刚、博洛尼亚、杜塞尔多夫、开罗、亚历山大、鹿特丹、深圳、圣保罗、首尔、天津）

图 6-10,　马德里案例馆

图 6-11,　世博园区交通出行

图 6-12,　丹麦亲王与奥登塞案例馆工作人员

图 6-13,　实践区南街坊建筑实景图 1

图 6-14,　实践区南街坊建筑实景图 2

图 6-15,　世博创意秀场全景图

图 6-16,　世博创意秀场活动实景图 1

图 6-17,　世博创意秀场活动实景图 2

图 6-18,　世博创意秀场活动实景图 3

图 6-19,　城市最佳实践区全景图

图 6-20,　园区夜景图

附录
主要参考文献

一、志书类

弘治《上海志》,(明)郭经修,唐锦编纂,明弘治十七年(1504年)刊本。

嘉靖《上海县志》,(明)郑洛书修,高企纂,传真社据明嘉靖三年(1524年)刊本影印。

万历《上海县志》,(明)颜洪范修,张之象等纂,万历十六年(1588年)刻本。

乾隆《上海县志》,(清)李文耀修,谈起行纂,清乾隆十五年(1750年)刊本。

乾隆《上海县志》,(清)范廷杰修,皇甫枢等纂,乾隆四十五年(1784年)刻本。

嘉庆《上海县志》,(清)王大同修,李松林纂,清嘉庆十九年(1814年)刊本。

同治《上海县志》,(清)应宝时等修,俞樾等纂,清同治十年(1871年)刊本。

《上海自治志》,杨逸纂修,1915年版。

民国《上海县续志》,吴馨等修,姚文枬等纂,民国七年(1918年)本。

民国《上海县志》,吴馨、江家嵋修,姚文枬纂,民国二十五年(1936年)铅印本。

《南市区志》，《南市区志》编纂委员会编，上海社会科学院出版社1997年版。

《南市区续志》，上海市南市区志编纂委员会编，上海社会科学院出版社2003年版。

《上海船舶工业志》，上海船舶工业志编纂委员会编，上海社会科学院出版社1999年版。

《上海城市规划志》，上海城市规划志编纂委员会编，上海社会科学院出版社1999年版。

《上海园林志》，《上海园林志》编纂委员会编，上海社会科学院出版社2000年版。

《上海名建筑志》，上海市地方志办公室编著，上海社会科学院出版社2005年版。

二、档案、报刊、杂志、资料集、碑刻等

国民政府档案，"上宝两邑洋商准转道契各图保之图"，档号——1612（1927年7月—1929年12月）；"上海市建设委员会规划建设市中心区"，档号——1614（1928年11月—1929年11月）；"上海市建设规划，会务纪要"，档号——5400（1929年—1930年）；"大上海都市计划概要报告"，档号——5397（1947年9月），等，中国第二历史档案馆藏。

李钟珏：《上海内地自来水公司节略》，收录于上海图书馆藏《盛宣怀文档》。

《半淞园街道工作情况的报告》，卷宗号：A20-1-22-17，上海市档案馆藏。

《关于当前街道里弄生产情况的调查报告》，卷宗号：A20-2-7，上海市档案馆藏。

《关于中国食品公司上海市公司机厂路加工厂迁移问题的联系经过情况》（1954年10月15日），卷宗号：A38-2-79，上海市档案馆藏。

《上海市文物保管委员会关于撤销三山会馆为市乙级文物保护单位的请示》，卷宗号 B172-1-497-98，上海市档案馆藏。

《国文大会揭晓：江南造船厂参观记》（出自《南洋》第 7 卷，第 10 号），卷宗号：D2-0-1503-60，上海市档案馆藏。

《商办上海内地自来水公司 1915 年承官办上海内地自来水厂的合同》，卷宗号：Q403-1-4，上海市档案馆藏。

《华商电气公司与上海内地自来水公司签订的供电合同》，卷宗号：Q403-1-324-5，上海市档案馆藏。

《商办上海内地自来水公司为暂时给徐家汇教堂供水事致函法商自来水公司》，卷宗号：Q403-1-15-6，上海市档案馆藏。

《商办上海内地自来水公司大小车床等机电设备清单》，卷宗号：Q403-1-319-13，上海市档案馆藏。

《上海市公用局给水处向商办上海内地自来水公司购水合约》，卷宗号：Q403-1-319-52，上海市档案馆藏。

《半淞园街道一九八五年度工作总结（初稿）》，卷宗号：118-1-112，黄浦区档案局藏。

《中共上海市南市区半淞园街道组织史资料》，卷宗号：118-1-135，黄浦区档案局藏。

《半淞园公安派出所关于半淞园里委的社会调查报告》（1961 年 6 月 13 日—1961 年 7 月 8 日），卷宗号：118-2-4，黄浦区档案局藏。

《上海市区人民政府设置办事处试行方案（草案）》，卷宗号：35-103，上海市民政局档案。

《申报》

《北洋官报》

《集成报》

《警务丛报》

《沧海》

《舞伴》

《东南大观》

《大方》

《光华大学半月刊》

《锡秀》

《卷筒纸画报》

《今代妇女》

《新闻晚报》

《虞社》

《青年进步》

《创造季刊》

《民国日报·觉悟》

《科学画报》

《新闻晚报》

《人民日报》

《江海关道刘设沪南自来水示并章程》，载《集成报》，1897年第11册。

《各省新闻：沪南制造局归并厂务》，载《北洋官报》，1905年总第736册。

《游场与公园》（伧父），载《东方杂志》，1917年8月，第十四卷第八号，"谈屑"栏。

《半淞园联句》（李德门），载《复旦》，1920年第8期。

《游半淞园诗四首》（胡蕴玉（朴安）），载《俭德储蓄会月刊》，1920年第2卷第1期。

《半淞园兰花会》（徐稺子），载《嘤声月刊》，1921年第2期。

《游半淞园记》（戚瑞香），载《墨梯》，1923年第6期。

《半淞园先后燕游二首兼送徐若璩赴纽约、张天放赴巴黎》（太昭），载《觉》，1923年第4期。

《游半淞园记》（刘剑潭），载《劝善杂志》，1924年第3期。

《游半淞园即景》（东山散人），载《晨钟》，1924年第5期。

《游半淞园纪事》（翁思庆），载《爱国：爱国女学校校友会年刊》，1924年第1期。

《游半淞园》（学清），载《蜀评》，1925年第6期。

《徐园半淞园之譬喻》（凤厂），载《新上海》，1925年第2期。

《半淞园记游》（林岳高），载《国大周刊》，1926年第28期。

《春游半淞园》（胡越），载《光华年刊》，1926年第1期。

《从法国公园到半淞园》（梁得所），载《汛报》，1927年第1卷第5期。

《半淞园》（述先），载《真光杂志》，1929年第28卷第7期。

《游半淞园》（王政谦季和），载《虞社》1929年第153期。

《上海时事：半淞园国货运动大会之前门（照片）》，载《良友》1927年第18期。

《上海华商电气公司第十三届报告册》（民国十九年一月起至十二月底止），上海华商电气公司编。

《上海南市华商电厂概况》（陈荫谷、王馨吾），载《电工》，1931年2月第2期。

《宁静室诗存十四首·游半淞园》（张振镛），载《光华附中半月刊》，1932年第5期。

《癸酉四月十三日与寒鹤、澄宇、瑗仲、梦苕、佛影、器伯修禊沪南半淞园》（朱大可），载《归纳》，1933年第1期。

《半淞园即事》（伯鸾），载《青鹤》，1934年第2卷第15期。

《半淞园》（黄维焕），载《钱业月报》，1934年第14卷第7期。

《青玉案·半淞园送友返蜀用东坡韵》（陈配德），载《诗经》，1935年第1卷第2期。

《上海华商电气公司与闸北水电公司之过去与将来》（陆伯鸿），载《电工》，1935年6月第5期。

《上海半淞园看龙舟追记》，载天津《益世报》，1936年7月4日。

《指示游园门票贴花办法》，载《商业月报》，1936年第16卷第3期。

《华商电气公司近况》，载《征信所报》，1946年第142期。

《上海华商电气公司战后初步复兴纪念刊》，上海华商电气公司编，上海华商电气股份公司 1949 年。

《思想大解放 工人学哲学》，载《人民日报》1958 年 5 月 19 日。

《把街道居民组织到生产劳动中去》（郑秀翾），载《红旗》1958 年第 11 期。

《工人完全能够学哲学》（中共求新造船厂委员会），载《新华半月刊》，1958 年第 14 期。

《敢弹异曲放新歌——上海建设机器厂发展"蚂蚁啃骨头"的事迹》（林莘），载《社会调查是个好方法》，载《上海教育》1982 年第 4 期。

《一枝红杏出墙来——半淞园街道绿化工作巡礼》（胡宝琪），载《园林》1989 年第 2 期。

《张园：晚清上海一个公共空间研究》（熊月之），载《档案与史学》1996 年第 6 期。

《晚清上海私园开放与公共空间拓展》（熊月之），载《学术月刊》1998 年第 8 期。

《单位制向社区制的回归——中国城市基层管理体制 50 年变迁》（华伟），载《战略与管理》2000 年第 1 期。

《建国初期上海市居民委员会创建的历史考察》（郭圣莉、高民政），载《上海市行政学院学报》2001 年第 4 期。

《接管邑庙、蓬莱两区始末》（沈藩），政协上海市南市区委员会文史委员会：《南市文史资料选辑》第 2 辑，中共上海市南市区委党史资料征集委员会内部资料。

《1951 年上海街道里弄组织工作总结——建国初上海社区组织史料选（一）》，载《档案与史学》 2001 年第 5 期。

《我国城市基层社会管理体制的变迁：从单位制、街居制到社区制》（何海兵），载《管理世界》2003 年第 6 期。

《游走于城市空间：晚清民初上海文人的公共交往》（叶中强），载《史林》2006 年第 4 期。

《怎样拧在世界时钟的发条上——论南京国民政府废除旧历运动》（左玉河），载《中国学术》第21辑，商务印书馆2006年版。

《江南制造局记》，光绪三十一年（1905年）编印，上海新马路福海里文宝书局石印。

《江南制造局总分局全图》，上海社会科学院历史研究所图书馆藏。

《上海指南》，商务印书馆编译所编纂，商务印书馆1909年版。

《上海指南》，商务印书馆编译所编纂，商务印书馆1912年版。

《上海指南》，商务印书馆编译所编纂，商务印书馆1922年版。

《上海指南》，商务印书馆编译所编纂，商务印书馆1926年版。

《上海指南》，林震编纂，商务印书馆1930年版。

《旧上海》，振寰书局1914年版。

《上海小蓝本》（The Little Blue Book of Shanghai），1931年版。

《上海之工业》，上海特别市社会局编，中华书局1930年版。

上海特别市《土地局年刊》（1930年等）。

《沪南区地籍图》（一），自一图至七图止，上海市土地局，1933年绘制。

《沪南区地籍册》（一），自一图至七图止，上海市土地局，1933年编制。

《中国实业志》（江苏省），实业部国际贸易局编，全国实业调查报告之一，1933年版。

《沪南灾区调查录》，张若谷编著，1937年12月版，上海社会科学院历史研究所图书室藏。

《1937年上海市年鉴》，上海通志馆年鉴委员会编，中华书局1937年10月版。

《上海市轮渡》，上海市兴业信托社市轮渡管理处编，1937年版。

《事变后之上海工业》，金城银行上海总行调查科编印，1939年版。

《1947年上海市年鉴》，上海市文献委员会编，1947年铅印本。

《中国股票年鉴》，吴毅堂编述，中国股票年鉴社1947年发行。

《袖珍上海里弄分区精图》，葛石卿等编纂绘制，国光舆地社1946年版，作者书社发行。

《上海市行号路图录》（上册），上海福利营业股份公司编印，1947年版。

《上海市行号路图录》（下册），上海福利营业股份公司编印，1949年版。

《1949年上海市综合统计》，上海市人民政府秘书处编，1950年铅印本。

《中国近代手工业史资料》（1840—1949）第一卷，彭泽益编，三联书店出版社1957年版。

《中国近代工业史资料》（第一辑），孙毓棠编，科学出版社1957年版。

《中国近代工业史资料》（下册），汪敬虞编，科学出版社1957年版。

《上海小刀会起义史料汇编》，上海社会科学院历史研究所编，上海人民出版社1958年版。

《城市人民公社讲话》，中共南昌市委宣传部编，江西人民出版社1960年版。

《皮带机床高速、自动化》，上海市机械工业局技术处汇编，上海科学技术出版社1960年版。

《工业企业大搞群众运动的经验》，中共中央工业工作部办公厅编，机械工业出版社1960年版。

《学习为了战斗，结合战斗学习——上海求新造船厂工人两年来坚持理论学习的经验》，中共求新造船厂委员会编，上海人民出版社1960年版。

《上海民族机器工业》，机器工业史料组编，中华书局1966年版。

《近代中国史料丛刊》第四十一辑，沈云龙主编，文海出版社1969年版。

《江南造船厂史（1865—1949）》，江南造船厂史编写组编，上海人民出版社1975年版。

《陈毅诗词选》，陈毅，广东省肇庆地区五·七师范学院资料室1977年版。

《城市街道办事处组织条例》，人民出版社1979年版。

《上海碑刻资料选辑》，上海博物馆图书资料室编，上海人民出版社1980年版。

《上海研究资料》，上海通社编，上海书店1984年。

《上海近代社会经济发展概况：1892—1931海关十年报告译编》，徐雪筠等编译，上海社会科学院出版社1985年版。

《沪游梦影》，池志澂著、胡珠生整理，收入《沪游杂记•淞南梦影录•沪游梦影》，上海古籍出版社1989年版。

《建国以来重要文献选编》，第11册，中共中央文献研究室编，中央文献出版社1995年版。

《上海洋场竹枝词》，顾炳权著，上海书店出版社1996年版。

《20世纪上海文史资料文库》第3辑《工业交通》，吴汉民主编，上海书店出版社1999年版。

《上海轶事大观》，陈伯熙编著，上海书店出版社2000年版。

《大事件影响下的城市更新——以黄浦区半淞园、董家渡社区为例》（王伟强、郭欣），载王伟强主编：《理想空间》第18辑《文化、街区与城市更新》，同济大学出版社2006年版。

三、文集笔记、研究著作等

《熬波图序》，［元］陈椿所撰。

《长春园集》，明抄本。

《云间据目抄》，［明］范濂著。

《一统路程图记》，［明］黄汴编著，明隆庆年间刊印。

《士商类要》，［明］程春宇选辑，明天启年间刻印。

《申江胜景图》，光绪十年（1884年）上海点石斋。

《五茸志逸》，（清）吴履震撰，"上海史料丛编"，上海市文物管理委员会编，1963年版。

《阅世编》，（清）叶梦珠撰，上海古籍出版社1981年版。

《历年记》，（清）姚廷遴著，"上海史料丛编"，上海市文物保管委员会编 1962 年。

《沪城备考》、《木棉谱》，（清）褚华纂，上海通社辑刊"上海掌故丛书"第一集，1935 年版。

《沪城岁事衢歌》，（清）张春华撰，上海古籍出版社 1989 年版。

《上海县竹枝词》，（清）秦荣光撰，上海古籍出版社 1989 年版。

《申江棹歌》，（清）丁宜福撰，姚养怡钞藏本。

《瀛壖杂志》，（清）王韬撰，上海古籍出版社 1989 年版。

《墨余录》，（清）毛祥麟撰，上海古籍出版社 1985 年版。

《沪游杂记》，（清）葛元煦撰，上海古籍出版社 1989 年版。

《上海地产大全》，陈炎林编著，上海地产研究所 1933 年版。

《上海市地价研究》，张辉著，正中书局印行 1935 年。

《市地评价之研究》，蒋廉著，正中书局印行 1935 年。

《上海工业化研究》，刘大均著，商务印书馆 1940 年版。

《上海——现代中国的钥匙》，[美] 罗兹·墨菲著，上海社会科学院历史研究所译，上海人民出版社 1986 年版。

《园冶注释·相地篇》，计成著，陈植注释，中国建筑工业出版社 1988 年版。

《重刊园冶序》，朱启钤，参见计成著、陈植注释：《园冶注释》，中国建筑工业出版社 1988 年版。

《半淞园往迹》，载郑逸梅著《历史文化名城——上海》，上海社会科学院出版社 1988 年版。

《上海史》，唐振常主编，上海人民出版社 1989 年版。

《近代上海城市研究》，张仲礼主编，上海人民出版社 1990 年版。

《半淞园街道社区乡土介绍》，上海半淞园街道社区教育委员会编，1992 年刊印。

《上海风俗古迹考》，顾炳权编著，华东师范大学出版社 1993 年版。

《上海洋场竹枝词》，顾炳权编著，上海书店出版社 1996 年版。

《上海通史》（古代卷），马学强著，上海人民出版社 1999 年版。

《上海通史》（晚清政治卷），熊月之等著，上海人民出版社1999年版。

《上海通史》（晚清经济卷），陈正书著，上海人民出版社1999年版。

《上海通史·民国政治》，张培德等著，上海人民出版社1999年版。

《世纪之交的凝思：建筑学的未来》，吴良镛著，清华大学出版社1999年版。

《后工业时代产业建筑遗产保护更新》，王建国等著，中国建筑工业出版社1999年版。

《上海文史资料存稿汇编》，上海市政协文史资料委员会编，上海古籍出版社2001年版。

《私人领域的变形》，杨晓山著，江苏人民出版社2009年版。

《辛亥前后上海城市公共空间研究》，瞿骏著，上海辞书出版社2009年版。

《光影世博》，郑时龄主编，上海科学技术出版社2010年版。

《国际大都市建筑文化比较研究》，张堃、任家瑜著，学林出版社2010年版。

《2010年上海世博园区绿地景观》，戴军著，中国建筑工业出版社2010年版。

《半淞园梦寻》（杨嘉祐），收入沈寂、史齐主编：《花园里的上海世界》，上海辞书出版社2010年版。

《城市——最佳的实践：中国2010年上海世博会城市最佳实践区》，上海世博会事务协调局编，东方出版中心2010年版。

《城市发展：愿景与实践——基于上海世博会城市最佳实践区案例的分析》，周振华主编，格致出版社2010年版。

《城市文化遗产保护的新理念——上海世博会给我们的启示》（吕建昌），载上海大学文科发展研究院编，《上海世博与上海发展》，上海大学出版社2010年版。

《旧城胜景》，钟翀编著，上海书画出版社2011年版。

《近代上海城市空间（1843—1949）》，王敏等著，上海辞书出版社

2011年版。

《沪壖话旧录》，孙玉声著，收入熊月之主编《稀见上海史志资料丛书》，上海书店出版社2012年版。

《公园与城市的扩展》，[美]奥姆斯特德，收入王思思等译：《美国城市的文明化》，译林出版社2013年版。

四、部分外文资料

Twentieth Century Impressions of Hongkong Shanghai, and other Treaty Ports of China: Their History, People, Commerce, Industries, And Resources. Editor-in-Chief: Arnold Wright, Lloyd's Greater Britain Publishing Company, LTD.1908.

Whangpoo Conservancy Board, Report By The Committee Of Consulting Engineers. Shanghai Harbour Investigation,1921.The Shanghai Mercury,Limited,Printers.1921.

Far Eastern Commercial and Industrial Activity –1924. Compiled by E.J.Burgoyne, Edited by F.S.Ramplin. The Commercial Encyclopedia Co. (London, Shanghai, Hongkong, Singapore), 1924.

Leaders of Commerce, Industry and Thought in China (Shanghai), Compiled by S.Ezekiel, Published by Geo.T.Lioyd, Shanghai, 1924.

Who's Who in China（Biographies of China, 中国名人录），Published by The China Weekly Review(Shanghai), 1925.

The Short History of Shanghai, By F.L.HAWKS POTT, D.D. Author of A Sketch of Chinese History. KELLY & WALSH, Limited. Shanghai, 1928.

Men of Shanghai and North China: A Standard Biographical Reference Work. Second edition, Shanghai: The University Press, 1935.

WHANG-POO RIVER WHARF & GODOWN BLOCK BOOK（《浦江码头栈房指南》），上海社会科学院历史研究所图书资料室特藏。

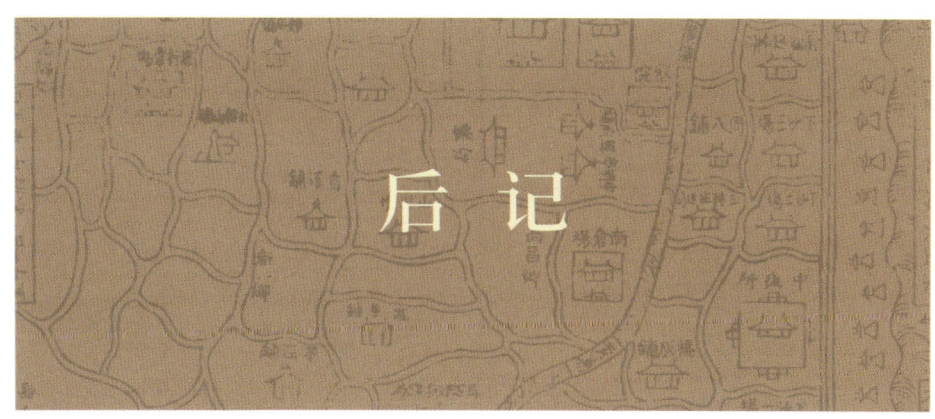

后 记

在上海南浦大桥浦西一侧，有一处标志性建筑格外醒目，这里原是南市发电厂高耸的烟囱，后来被创意为一个巨大的温度计。"温度计"的下面，就是世博会地区城市最佳实践区，其范围：东至南浦大桥，南至黄浦江岸线，西至保屯路—望达路，北至中山南一路，属黄浦区境。

2012年底，为系统梳理这一地区的历史文脉，反映该地域的特色，凸显今世博城市最佳实践区所拥有的丰厚人文资源，上海世博城市最佳实践区商务有限公司与上海社会科学院中国城市史研究中心合作，专门成立"上海的城南旧事"课题组，着手开展研究工作，对相关内容予以深入挖掘。

课题组主要由以下成员组成：熊月之（研究员，上海社会科学院）、马学强（研究员，上海社会科学院）、邹怡（副教授，复旦大学历史地理研究中心）、袁家刚（博士生，复旦大学研究生院）、胡端（助理研究员，上海交通大学）、海珂（博士生，上海师范大学人文与传播学院）、李家涛（博士生，上海社会科学院经济研究所）以及上海世博城市最佳实践区商务有限公司的部分领导与专门人士。

此后的一年，课题组成员往来于海内外各图书馆、档案馆与政府各相关机构，翻阅文献档案，或深入到城南地区，开展社会调查，从中获取了大量原始资料。这是本课题研究的文献基础。大致说来，主要包括几个方面内容：（一）搜集到这一带空间变迁的地图数十幅，类型多样，其中有多幅反映黄浦江变迁的外文地图，弥足珍贵；（二）碑刻资料，体现明清以来这一地区的商业与会馆公所的发展情况；（三）详细梳理了《申报》等近代报刊杂志的相关记载；（四）户籍、地籍档案，凸显百年来的产权、户籍变迁，如1933年沪南地籍图、地籍册中，详实记述了这一带的地籍、户籍，属于来字圩、往字圩；（五）企事业档案，如江南制造总局、求新造船厂等档案；（六）街区管理方面的资料；（七）2010年上海世博会召开前后的档案、图片等，及时记录了这一地区的变迁情况。

书稿由文字和图片两部分组成（其中文字10余万字，图片一二百幅），撰写中采取以图带文，以文释图的形式，图文并茂。撰稿人的具体分工如下：

导　读　　熊月之

第一章　　马学强

第二章　　马学强

第三章　　李家涛、马学强

第四章　　袁家刚、熊月之

第五章　　胡端

第六章　　龚峥、海珂、方颖、黄华钧、黎晓晴

附　录　　马学强、龚峥、方颖、黄华钧、龚浩等，当代的部分图片由上海世博城市最佳实践区商务有限公司提供

本书由马学强、龚峥任主编。书稿完成后，邀请中国史学会副会长、中国城市史学会会长、上海社会科学院研究员熊月之为本书撰写导读。

复旦大学历史地理研究中心邹怡博士为本书绘制了多幅反映城南地区演变的地图。金坡、李家涛、龚浩三位同学为书稿完成做了大量协助工作。鲍世望先生担任本书图片的主要拍摄工作，一年来，他根据课题组的要求，在各研究机构与收藏部门翻拍历史图片，或奔波于现场拍摄照片，不辞辛苦，兢兢业业。在本书撰写与图片收集的过程中，得到了国家图书馆、南京国家第二历史档案馆、上海图书馆、上海博物馆、上海市档案馆、

上海市历史博物馆、上海市城市建设档案馆、上海社会科学院图书馆、上海社会科学院历史所图书资料室、上海社会科学院经济所企业史研究中心、黄浦区档案馆等单位的大力协助与支持，在此深表谢意。

马学强

2014 年 10 月 8 日

图书在版编目（CIP）数据

上海的城南旧事/马学强，龚峥主编． 上海：
上海社会科学院出版社，2015
ISBN 978-7-5520-0808-1

Ⅰ．①上… Ⅱ．①马…②龚… Ⅲ．①上海市－地方史 Ⅳ．① K295.1

中国版本图书馆CIP数据核字（2015）第055476号

上海的城南旧事
Memorials of the southern Shanghai

主　　编：	马学强　龚　峥
责任编辑：	蓝　天
设计制作：	黄婧昉
出版发行：	上海社会科学院出版社有限公司
	上海淮海中路622弄7号　　电话 63875741　　邮编 200020
	http://www.sassp.org.cn　　E-mail:sassp@sass.org.cn
印　　刷：	上海丽佳制版印刷有限公司
开　　本：	889x1194毫米　1/16开
印　　张：	13
插　　页：	3
字　　数：	200千字
版　　次：	2015年5月第1版　2016年1月第2次印刷

ISBN 978-7-5520-0808-1/K·271　　　　定价：65.00元

版权所有 翻印必究